Comment peut-on être Zen ?

ISBN : 978-2-35490-032-8

Jacques Castermane

Comment peut-on être Zen ?

le Relié

Préface

Kinésithérapeute, pratiquant d'aïkido, de tir à l'arc et de karaté, l'auteur rencontre le célèbre sage de la Forêt noire, Karlfried Graf Durckheim, en 1967 et devient son plus proche élève durant vingt ans, jusqu'à sa mort en 1988. Il anime depuis le Centre Durckheim dans la Drôme où il continuera dans l'esprit de son maître, à transmettre tous les principes d'une méditation zen hors religiosité et dogmes bouddhistes, cette pratique qui fait partie du patrimoine spirituel de l'humanité se révèlant aujourd'hui fort utile ! Je lui ai rendu visite récemment dans ce centre et je dois dire que j'ai été très touché par la qualité de l'enseignement qui y était dispensé, avec rigueur et entrain. Des exercices variés se succèdent à la pratique immobile et silencieuse dans le vaste et clair dojo du lieu, débutants et anciens élèves co-méditent dans le même élan libérateur. Car il s'agit bien de cela : apprendre à se libérer de nos peurs et conditionnements pour aller plus loin sur la voie de l'existence vécue en tout lucidité. Des moments d'échange sous forme de questions-réponses permettent à chacun de se positionner mieux par rapport à lui-même et à sa quête personnelle. J'y ai passé un moment de grande sérénité active, un moment qui m'a éclairci le regard et l'être comme il le faisait visiblement à tous participants. C'est dire si ce livre, où est repris l'essentiel de l'enseignement de Jacques Castermane, va être utile. En cinquante chapitres, courts et denses, Jacques Castermane réfléchit ici sur un zen pour l'occident, une voie d'action et de méditation laïque au quotidien et pour notre temps : de l'expérience mystique naturelle à une nouvelle culture du silence nécessaire dans un monde de plus en plus bruyant, de la connaissance du fonctionnement de notre propre esprit à l'exercice de la simplicité et au désir de se changer soi-même, des difficultés rencontrées sur la voie de l'éveil à la pratique d'une respiration juste et équilibrante… Tous ces chapitres pleins de bon sens et de lucidité nous amènent à mieux comprendre le sens de notre vie. « Notre état de santé fondamental : le calme intérieur », nous dit l'auteur. Et son livre apaise l'âme tout en lui redonnant une nouvelle confiance dans l'existence.

Marc de Smedt

Introduction

« Le zen (le dharma) est né en Inde, il y a deux mille cinq cents ans. Cet enseignement est ensuite passé en Chine sous le nom de ch'an. Il y a sept cents ans, il est arrivé au Japon où il est appelé "zen". Mais les Japonais n'ont pas imité les Chinois ; ils ont créé un zen japonais. Aujourd'hui, le zen intéresse l'Occident. N'imitez pas les Japonais ! Vous devez mettre en place un zen pour l'Occident. »

Yuho Seki Roshi [1]

1. Yuho Seki Roshi, abbé du monastère rinzaï-zen de Eigen-ji (Kobe). Entre 1973 et 1982 (année de son décès), il est venu chaque année en Forêt-Noire pour animer des sesshins.

Du dharma au bouddhisme !

Dharma ! Sous ce nom sanscrit sont transmis les enseignements du Bouddha.

Siddhartha Gautama, le Bouddha, n'était pas bouddhiste ! Une observation quelque peu naïve mais capitale pour toute personne qui, en Occident, s'intéresse au zen sans désir d'adhérer à une tradition culturelle et cultuelle qui lui semble éloignée de sa propre culture.

Siddhârtha Gautama, il y a deux mille cinq cents ans, propose un *enseignement* spirituel révolutionnaire. En effet, à la différence des traditions religieuses et spirituelles de son époque, et de la nôtre, son *enseignement* ne contient rien de métaphysique, rien d'ésotérique, rien de dogmatique. Un *enseignement* qui fait confiance à la faculté de la personne individuelle de découvrir elle-même sa propre essence, sa nature essentielle immanente.

Les indications qu'il donne aux personnes qui l'approchent varient en fonction de leurs questionnements et du niveau de maturation auquel elles ont accédé. C'est donc un *enseignement spirituel* qui n'est pas fixé dans un canon strict imposé à tous.

Conséquence : après sa mort, cet *enseignement* comparable aux racines et au tronc d'un arbre va se diviser en différentes branches.

La branche la plus fidèle à *l'enseignement originel* sera appelée le Petit Véhicule (la Petite Voie). Une autre branche voit ses initiateurs élargir un enseignement qu'ils trouvent trop dépouillé ; il sera appelé le Grand Véhicule. Aux indications proposées par Siddhârtha

Gautama sont ajoutées des explications qui s'enracinent dans la pensée discursive.

Une troisième branche sera appelée le Véhicule tantrique. Les missionnaires du dharma estiment devoir adjoindre des procédés plus ou moins magiques pour répondre aux croyances et aux rituels populaires en usage dans les différents territoires traversés.

Ces différentes branches qui, au cours des siècles, suivent des directions géographiques différentes seront cependant rassemblées sous un nom : le *bouddhisme.*

Siddhârtha Gautama, le Bouddha, est un sage.

Le bouddhisme, sans doute pour répondre à la désespérance des peuples, a procédé à la divinisation du Bouddha. L'homme-sage est élevé à la dignité d'homme-dieu.

Au VIe siècle un moine bouddhiste, Bodhidharma, dépité par les spéculations métaphysiques et les discours ésotériques, refuse les écritures et les rites. Il décide de faire marche arrière et de s'en tenir au dharma, à *l'enseignement originel.*

Bodhidharma propose une voie directe qui n'a qu'un but : *l'éveil.*

L'éveil ! Expérience personnelle qui ne s'atteint pas par les moyens de la pensée discursive, mais en cultivant la sensibilité spirituelle principalement par la pratique de la méditation sans objet.

Cette voie directe prend le nom de ch'an en Chine. Lorsque, au XIIe siècle, le ch'an aborde le Japon, on l'appellera : *zen* (traduction phonétique du mot chinois ch'an).

Karlfried Graf Dürckheim et le zen

K. Graf Dürckheim (1896-1988), docteur en philosophie et docteur en psychologie, enseigne aux universités de Kiel et de Munich. En 1938, il est envoyé en mission au Japon où il découvre le zen.

Au début de sa rencontre avec le monde du zen il écrit : « *C'est une philosophie qui diverge profondément de la pensée discursive et de la spéculation intellectuelle. Le maître zen considère l'intuition comme la voie d'accès directe à la vérité de la vie.* »

Dürckheim est fortement impressionné par les *exercices* que pratiquent les personnes engagées dans cette tradition spirituelle.

Lorsqu'il assiste pour la première fois à la cérémonie du thé (chado) il écrit : « *Il est impressionnant de voir à quel point chaque geste est relié à celui qui précède et, déjà, à celui qui va suivre. La manière de retirer le couvercle de la petite boîte qui contient la poudre de thé, le geste par lequel la louche de bambou est plongée dans l'eau bouillante pour ensuite être versée doucement dans le bol à thé, le geste qui consiste à battre l'eau et le thé avec un petit fouet de bambou sont des actions réalisées dans l'attention la plus grande. Il s'agit de tout autre chose que d'une simple coutume esthétique. L'essentiel me semble être l'esprit vivant qui change l'atmosphère du lieu. Par la beauté du lieu, des objets, et la qualité des gestes du maître de thé, cet acte quotidien devient un rituel* [1] ».

1. Mes leçons avec Graf Dürckheim (cf. p. 35).

Lorsqu'il commence la pratique du tir à l'arc dans l'école du maître Kenran Umeji Roshi, il écrit : « *Ma vie s'est enrichie d'un nouveau matériau de choix depuis que j'ai commencé à pratiquer le tir à l'arc. Mon professeur est le maître du maître de Herrigel* [1]. *Une raison suffisante pour m'engager dans cette voie. Le tir à l'arc procure un grand apaisement. Je pratique au moins trente minutes chaque matin. C'est un merveilleux exercice de concentration et de calme intérieur.* »

Après quelque temps de pratique, il écrira : « *Le tir à l'arc m'apporte énormément. La maîtrise de cette technique traditionnelle au Japon ne correspond nullement à une performance sportive. Elle a pour sens de faire un pas sur le chemin intérieur ; c'est véritablement un exercice spirituel.* »

À la fin de la guerre, parce qu'attaché à l'Ambassade d'Allemagne, Graf Dürckheim passe seize mois de captivité à la prison de Sugamo située à proximité de Tokyo : « *Cette période de captivité fut très riche pour moi parce que j'ai eu l'opportunité, n'ayant rien à faire, de pratiquer quotidiennement l'exercice du zazen. Il m'arrivait de rester assis pendant plusieurs heures, immobile et en silence.* »

1. Eugen Herrigel enseigne la philosophie à l'université de Heidelberg. Entre la Première et la Seconde Guerre mondiale, il est invité à enseigner l'histoire de la philosophie à l'université impériale Tohoku Sendai au Japon. Il saisit cette occasion pour s'intéresser au bouddhisme et, plus particulièrement, à la pratique de la mystique qu'est le zen. Son livre Le Zen dans l'art chevaleresque du tir à l'arc (Dervy, 1990), compte rendu impressionnant de son expérience, aura, et a encore, un retentissement mondial.

C'est au cours de cette captivité que le zen est devenu décisif et essentiel pour le reste de son existence. Au cours de ces seize mois de pratique intense, Graf Dürckheim pressentait qu'une fois de retour en Europe il devait tirer profit, et faire profiter ses contemporains, de son immersion dans la pratique du zen.

Le zen et la tradition spirituelle en Occident

Si la vie spirituelle a pour but de se préparer à une autre vie, le zen n'est pas la voie spirituelle à suivre. Si la vie spirituelle a pour but de ne pas oublier que, ici et en ce moment, *j'existe*, c'est une voie spirituelle avantageuse. Pour quel avantage ? La découverte par l'homme lui-même de sa vraie nature et de sa vraie destinée. Lorsqu'il découvre son *être essentiel*, l'homme fait l'expérience qu'au plus profond de lui-même règne le calme, la sérénité, la confiance. Découverte d'autant plus bénéfique pour l'homme contemporain tendu, inquiet, angoissé.

Dès son retour du Japon, en 1947, Graf Dürckheim propose *l'enseignement* qu'il a reçu au Japon. Son but n'est pas de transplanter en Occident une tradition spirituelle orientale. Il sent qu'il peut intégrer son expérience japonaise dans la guérison de l'homme qui souffre dans sa vie intérieure.

Tout en servant l'esprit du zen japonais sans la moindre concession, il a pu différencier l'essence du zen et les apports traditionnels, culturels et cultuels propres à l'Extrême-Orient. La Voie qu'il va tracer, tout au long de la seconde moitié de sa vie, est un chemin de maturation spirituelle dégagé des rites et des formes culturelles asiatiques.

Face au zen, écrit Graf Dürckheim, deux attitudes sont possibles : « *On peut soit se convertir au Bouddhisme, soit accueillir et réaliser ce qu'il renferme d'universellement humain. Seule m'importe la seconde attitude* [1] ».

1. K.G. Dürckheim, *Le Zen et nous*, Le Courrier du Livre, 1961.

Graf Dürckheim va enseigner la tradition du zen dans une démarche et une forme adaptée à l'homme occidental. Peu avant de quitter le Japon, son maître Kenran Umeji Roshi lui disait : « *Vous êtes désormais sur la voie de pouvoir transmettre "à votre façon" le Grand Enseignement.* »

Le Grand Enseignement

Le zen enseigne le chemin de libération de la nature essentielle de l'homme (la nature de Bouddha) hors des chaînes d'un moi dépendant du monde. Lorsque l'homme s'identifie au niveau d'être qu'est l'ego, sa vie est souffrance.

La nature de Bouddha ! Le mot Bouddha peut être entendu comme étant : *l'état de santé fondamental de tout être humain.*

Quel est le grand enseignement ? Dans les conditions du monde tel qu'il est (sans attendre qu'il change), tu peux retrouver ton état de santé fondamental : *la paix intérieure.*

La souffrance première de l'être humain est l'angoisse. L'angoisse et les états qui l'accompagnent : souci, appréhension, tension, inquiétude, désarroi, tourment, etc.

L'angoisse semble avoir pour cause la crainte de l'anéantissement du moi. Il est vrai que ma seule certitude est qu'un jour je vais mourir. Les états qui accompagnent l'angoisse semblent être en rapport avec la néantisation du *moi*, laquelle est quotidienne. En effet, il suffit que l'autre ne soit pas d'accord avec *moi*, que n'arrive pas ce que *moi* je veux, que se présente ce que *moi* je ne veux pas, pour avoir l'impression que mon *moi* est néantisé.

La personne qui souffre de l'angoisse et des états qui l'accompagnent cherche une thérapie. Depuis une centaine d'années, cette souffrance intérieure est l'affaire des psy-thérapies (psychiatrie, psychanalyse, psychothérapie).

Docteur en psychologie, Graf Dürckheim a suivi les enseignements d'Alfred Adler, qui fut l'élève de Freud, et a fait une psychanalyse avec un élève du médecin viennois.

À son retour du Japon, ses années de pratique du zen le conduisent à distinguer :

- la « médecine de l'âme » (S*eelen Heilkunde)* et
- la « science de la guérison de l'âme » (*Seelenheil Kunde).*

La *médecine de l'âme* rassemble les thérapies pragmatiques qui font de leur mieux pour guérir « le » moi qui souffre. Le thérapeute s'appuie ici sur une vision de l'homme qui vit sa vie au niveau d'être qu'est : « l'ego ». L'ego, qui se situe dans le rapport conscient / inconscient.

La *science de la guérison de l'âme*, que propose le zen, lève le voile sur un autre niveau d'être : « la nature essentielle » de l'être humain. S'impose ici un autre rapport : le rapport conscien*ce* / inconscien*ce*.

La cause de la souffrance est perçue comme étant *l'inconscience*, c'est-à-dire *l'ignorance* de cet autre niveau d'être que le zen présente comme étant notre vraie nature.

La science de la guérison de l'âme conduit à une thérapie qui invite l'homme à guérir *« du »* moi ! Parce que « le » moi, qui pose un voile sur notre nature essentielle, est la cause de la souffrance.

« L'essence de soi n'est pas l'objet d'une croyance ; elle peut devenir une expérience des plus profondes. C'est cette

expérience que vise le zen. Dans la tradition du zen, cette expérience est appelée satori. C'est l'expérience de l'éveil. L'expérience du réveil hors de la folie de la conscience matérielle, dualiste, qui détermine notre vision du monde, vision dite naturelle qui n'admet comme réel que ce qui s'adapte à l'ordre des concepts [1] ! »

Différencier ces deux niveaux d'être n'a pas pour but d'opposer la psychanalyse et la psychothérapie à la tradition spirituelle qu'est le zen. Il s'agit de distinguer une approche thérapeutique qui s'adresse au moi psychologique et une approche thérapeutique qui s'adresse au moi spirituel ; une approche thérapeutique qui envisage qu'en chaque être humain est présente une réalité plus profonde, sa nature essentielle.

Quel est le symptôme de la guérison de l'angoisse ? C'est *la paix intérieure* !

La guérison de *l'angoisse* n'est pas du ressort du moi.

La paix intérieure n'est pas le contraire de l'angoisse ; un contraire qui aurait sa place au niveau d'être qu'est l'ego. La paix intérieure est l'absence d'angoisse. L'ataraxie, chère à Épictète et aux philosophes des écoles de sagesse hellénistiques, est une manifestation de notre propre essence.

Je ne souffre pas d'un manque. Je souffre d'ignorer ce qui ne manque pas : la paix intérieure.

« *Se libérer de l'empêtrement dans le moi, cheminer vers l'essence véritable de soi et commencer une vie nouvelle sur la base qu'est sa propre essence, voilà le but de tout exercice sur le chemin de maturation qu'est le zen* [1] »

1. Mes leçons avec Dürckheim.

La paix de l'âme... une ressource du corps ?

Graf Dürckheim, à son retour du Japon, se refuse à proposer aux personnes qui l'approchent des traitements thérapeutiques fragmentaires qui opposent ce qu'on appelle le corps et ce qu'on appelle l'âme.

Les maîtres zen, comme Spinoza et quelques philosophes occidentaux, réfutent la dualité corps-esprit.

Que dit Spinoza ? « *Si nous opposons ce qu'on appelle le corps à ce qu'on appelle l'esprit, c'est parce que nous n'avons pas une connaissance suffisante du corps* [1] ! »

Est-ce encore vrai à notre époque alors que le « savoir » sur le corps s'étend jusqu'à la génétique ? Spinoza n'envisage pas les savoirs mais la *connaissance,* par la personne elle-même, du fonctionnement de son propre corps.

Grâce à son expérience des exercices qu'il a pratiqués au Japon, Graf Dürckheim est passé de la notion du corps que l'homme « a » à l'expérience du corps que l'homme « est ».

Toute personne qui s'adressera à Graf Dürckheim sera inévitablement invitée à pratiquer un exercice qui engage le corps qu'elle « est ».

Maria Hippius, sa compagne pendant quarante ans, écrit au sujet de ce qu'elle appelle « *la conception dürckheimienne* » du devenir soi-même : « *Dans le processus de guérison spirituelle, il s'agit de régénérer, de faire revivre,*

1. Éthique, IIIe partie.

de ressourcer cette nature propre immanente, essentielle, et de regagner le statut d'intégralité (l'entité corps-âme-esprit) que la conscience a perdu [1] ».

L'approche thérapeutique par la *connaissance* de soi, exige donc un travail sur soi.

Cet effort sur soi, que nous pouvons appeler exercice philosophique ou exercice spirituel, le zen le propose dans des pratiques artistiques et artisanales variées comme le Kyudo (la Voie du tir à l'arc), le Kendo (la Voie du sabre), le Chado (la Voie du thé), le Zado (la Voie de l'assise en silence).

Pour notre esprit occidental, un parcours spirituel qui engage l'être humain à pratiquer des exercices physiques est on ne peut plus étrange. Parce que les exercices philosophiques ou spirituels, en Occident, ont toujours été regardés comme étant des exercices mentaux, intellectuels et psychologiques.

À son retour du Japon, Graf Dürckheim propose une voie spirituelle qui ne laisse pas le corps hors jeu. Aucune explication ne permettra de comprendre l'importance du corps dans la vie spirituelle. Mais chacun peut la vérifier par lui-même en pratiquant l'exercice.

1. Maria Hippius, *Transzendenz als Erfahrung*, Otto-Wilhelm-Barth-Verlag

Du corps qu'on « est » au corps qu'on « a »...
... du corps qu'on « a » au corps qu'on « est »

Depuis longtemps, et encore aujourd'hui, un objet d'étude de l'homme *vivant* est le *cadavre* ! J'ai le souvenir de séances de dissection qui m'ont fasciné.

Aujourd'hui, grâce à l'imagerie médicale, il est possible de voir le devenir de l'être humain à partir de l'autre bout de la vie : la fécondation. Ce qui me semble plus intéressant, parce que l'homme n'est pas un cadavre vivant et que le cadavre n'est jamais qu'un homme mort !

Fécondation ! Au moment même de cet événement mystérieux se mettent en action une multitude d'actions qui aboutissent dans une forme : le disque embryonnaire. Cette somme d'actions poursuit son œuvre et le disque embryonnaire prend la forme d'un haricot : l'embryon. D'instant en instant, cette « action » ininterrompue devient une forme plus élaborée : le fœtus. Enfin, au terme de la gestation intra-utérine se présente une forme plus aboutie : le nouveau-né.

Être, c'est devenir ; devenir, c'est être.

Le corps du nouveau-né est une forme (*Gestalt*) dont le substrat est l'ensemble des *actions* mystérieuses qui poursuivent leur activité jusqu'au dernier souffle.

Le corps n'est donc pas quelque chose ; *le corps est action.*

L'être, l'essence, n'est pas quelque chose ; *l'être est action.*

Spinoza parle du « *Conatus par lequel chaque chose s'efforce de persévérer dans son être. Le Conatus n'est rien d'autre que l'essence de cette chose* [1] ».

Si l'observation du cadavre laisse à *penser* que corps et être sont *exclusifs*, l'observation du commencement de la vie de l'être humain laisse *voir* que corps et être sont inclusifs.

L'essence, qui est action, et le corps, qui est action, sont « un » en acte.

Le nouveau-né respire, il voit, il entend, il goûte, il sent ; dans quelques mois il sera assis (par l'être en acte), puis il sera mis debout (par l'être en acte) ; quelques mois plus tard il va marcher (un effet naturel de l'être en acte).

Ces actions fondamentales sont des effets naturels d'un niveau d'être que Tchouang-Tseu appelle le *Ciel.*

Petit à petit s'ajoutent à ces actions infaisables les actions qui sont des effets fabriqués par l'ego, cet autre niveau d'être que le sage taoïste appelle *l'humain.*

Dans *Leçons sur Tchouang-tseu*, on peut lire ce dialogue qui met en scène Tchouang-Tseu :

« *Que veux-tu dire par le Ciel, par l'humain ?*

« Les chevaux et les buffles ont quatre pattes : voilà ce que j'appelle le Ciel. Mettre un licou au cheval, percer le museau du buffle, voilà ce que j'appelle l'humain [2] »

Le Ciel ! Il s'agit de ressources et de facultés qui ne sont pas de mon ressort, du ressort du Moi.

1. *Éthique*, IIIe partie.
2. Jean François Billeter, *Leçons sur Tchouang-Tseu*, « Les régimes de l'activité », p. 47-48, éditions Allia, 2002.

Au Japon, là où l'idéogramme *Do* est attaché à la pratique d'un art (aussi bien un art martial que l'art du bouquet, l'art du thé ou la danse), cet art est considéré comme étant une Voie spirituelle.

Dans la tradition du Kyudo, il est dit : « *Le maître de tir à l'arc ne sait pas qu'il tire ; il tire !* »

Cette indication attire notre attention sur le sens des exercices dans le monde du zen.

Rappelons-nous que le zen invite la personne en chemin à se glisser du niveau d'être qu'est l'ego à cet autre niveau d'être qu'est notre nature essentielle.

Une question se pose : comment faire ce passage d'un niveau d'être à un autre niveau d'être ? La réponse à cette question ne peut qu'étonner l'homme occidental : « *Le Chemin est la technique ; la technique est le Chemin.* »

La technique, que ce soit dans l'art du tir à l'arc, le zazen ou la marche méditative, prépare les conditions qui favorisent le passage d'un niveau d'action à un autre niveau d'action.

Le maître de tir à l'arc ne sait pas qu'il tire ; il tire ! Par sa pratique, il a atteint un niveau où l'action s'est émancipée de l'observation ou du contrôle de la conscience ordinaire. Lorsqu'un maître de tir à l'arc ou un maître d'Aikido agit, l'action engagée semble n'obéir qu'à elle même [1].

Peut-on expliquer cela ?

Oui. L'exercice sur le chemin, ici le tir à l'arc, est un exercice de *déségocentration.*

Le lâcher prise de l'ego n'empêche pas d'agir ; il ouvre sur une action qui se fait dans la liberté de l'être.

1. Voir le texte de Heinrich von Kleist page 130.

Le maître de tir à l'arc « *ne sait pas qu'il tire ; il tire !* » parce qu'il ne pense pas le tir. Il n'essaie pas de résoudre mentalement l'action dans laquelle il est engagé. Il n'est habité ni par le désir de réussir à tout prix ni par la crainte d'échouer. Il ne se sent pas jugé par ceux qui, éventuellement, regardent le tir. C'est le niveau d'action où « *Cela tire !* ».

Voilà encore un impératif exaspérant lorsqu'on pratique l'exercice du tir à l'arc. Ce moment où le maître de l'art vous dit : « *Ne tirez pas ; laissez Cela tirer !* »

« *Mais comment le coup peut-il partir si ce n'est pas moi qui le tire ?* » demande le philosophe Eugen Herrigel à son maître de tir à l'arc.

« *Quelque chose tire !* », réplique le maître.

Puis il ajoute : « *Il faut que le coup parte, il faut qu'il se détache de l'archer comme la charge de neige de la feuille de bambou, avant même qu'il n'y ait songé* [1]*.*»

Est-ce tellement étranger aux expériences que peut vivre l'homme de l'art en Occident ?

Un concertiste, une danseuse qui n'ont jamais entendu parler du zen se souviendront sans doute de ce moment inattendu au cours duquel ils ont fait l'expérience du passage d'un niveau d'action à un autre niveau d'action. Expérience qui, en même temps, est la bascule d'un niveau d'être à un autre niveau d'être. Par exemple ce moment où, sortant de scène, le pianiste, bouleversé par ce qu'il vient de vivre, s'écrie : « *Je ne sais pas ce qui s'est passé, mais ce soir ce n'est pas moi qui ai joué !* » Par exemple ce moment où la danseuse, sortant de scène, dit à celles et ceux qui la complimentent :

1. *Le Zen dans l'art chevaleresque du tir à l'arc*, op.cit., p. 59.

« *Je ne sais pas ce qui s'est passé, mais ce soir ce n'est pas moi qui ai dansé !* » Un sportif peut lui aussi connaître cette expérience qui est autre chose que l'exaltation de l'ego.

Ce n'est pas moi qui ai agi ! Le moi ordinaire a laissé place à une action qui se réalise dans la *liberté de l'être.*

Mais dans ce cas, il n'est pas besoin du zen pour vivre une telle expérience !

C'est vrai, cette expérience est accessible à chacun.

Alors, pourquoi le zen ? Autrement dit, pourquoi *la Voie de l'action*, l'exercice quotidien ?

Pour passer d'une expérience éphémère à une autre manière d'être et de vivre.

La Voie de l'action

Pourquoi le zen ? Pour devenir quelqu'un qui ne se contente pas de vivre, de temps en temps, dans la liberté de l'être.

L'homme en chemin sur *la voie de l'action* que propose la tradition du zen est soumis au même effort sur soi qu'un concertiste, une danseuse ou un sportif. Il lui faut *apprendre* une technique. Ensuite, il lui est demandé de *bien faire* ce qu'il a appris. L'étape suivante est de *maîtriser* ce qu'il fait bien. Enfin, le maître zen, comme le maître de musique et le maître de danse, invite son élève à acquérir la *maîtrise parfaite* de la technique.

Le but de ce travail sur soi, en Occident, est généralement limité à la performance et à l'œuvre extérieure. Dans le zen, dès le premier jour, l'exercice physique, la technique artisanale ou artistique, est considéré comme un minutieux travail sur soi. L'œuvre, ici, n'est pas extérieure mais intérieure. Dans l'exercice de la méditation sans objet comme dans l'exercice du tir à l'arc vous êtes invité, dès le premier pas, à « *mettre tout en œuvre pour vaincre l'impureté* ».

Qu'est-ce que l'impureté ? C'est tout ce qui concerne l'ego, les attaches du moi.

Entravent la pureté d'une action : l'ambition, le désir de réussir à tout prix et la crainte d'échouer. Entravent aussi la pureté de l'action : les réactions mentales, les réactions physiques, les réactions affectives de celui qui agit. Se dé-faire du point de vue dualiste qui oppose juste et injuste, bien et mal, j'aime et je n'aime pas, je veux et je ne veux pas est un effet salutaire d'une pratique régulière de l'exercice!

La technique est désignée comme étant un exercice spirituel, parce que la personne en chemin est confrontée aux manifestations de son propre ego qui empêchent « l'irruption du Tao ».

Tao *do* dans la langue japonaise) signifie, tout simplement : « l'ordre des choses » ; ce qui va de soi et qui n'est pas du ressort du moi.

Le zen, c'est apprendre à accueillir en soi l'irruption des actions qui sont des effets naturels de notre propre essence, de l'être en acte.

Cette irruption, j'en suis conscient à travers une expérience intérieure, un vécu.

Quelle sorte de vécu ?

Le zen lui donne le nom de *satori* (ou *kensho*).

Cette pénétration dans les profondeurs de son propre être est : l'*expérience mystique* !

L'expérience mystique

Lorsque, en 1969, je demande à Graf Dürckheim s'il peut définir la voie spirituelle qu'il propose à l'homme occidental depuis son retour du Japon en 1947, il me répond : « *M'intéresse l'être humain dans sa profondeur, dans ce que j'appelle son être essentiel. L'homme est appelé à découvrir, en lui-même, cet être essentiel qui transparaît dans certaines expériences.* »

La vie spirituelle serait-elle donc une entreprise individuelle ?

Nous sommes conditionnés à l'idée que la spiritualité nécessite l'adhésion à un collectif humain. Par exemple, les grandes Églises au sein desquelles la vie spirituelle est communautaire, culturelle et cultuelle.

Cependant, dans toutes les traditions et à toutes les époques, tant en Orient qu'en Occident, des femmes et des hommes ont témoigné d'une approche spirituelle qui n'est pas proposée de l'extérieur (doctrine, dogme) mais s'appuie, comme l'indique K.G. Dürckheim, sur « *une expérience personnelle intérieure* ».

Les « *porte-expérience* » de cette voie spirituelle sont les *mystiques*.

Lorsque j'étais à l'université, le mot « conscience » était interdit dans les congrès qui rassemblaient les hommes de science. Avec ce mot on prenait le risque de tomber dans le « ce n'est que subjectif », obstacle à la sacro-sainte objectivité. Aujourd'hui le mot « conscience » est admis et devient même l'objet d'études approfondies.

Le mot *mystique* semble connaître le même sort. D'autant plus qu'il n'est plus nécessairement attaché à une Église ou à une tradition spirituelle particulière.

Les expressions, expérience mystique *chrétienne* et expérience mystique *bouddhiste,* sont exclusives. Même au sein de la tradition chrétienne on distingue les mystiques *rhénans* (Maître Eckhart) et les mystiques du *carmel* (Thérèse d'Avila, saint Jean de la Croix) ; d'où l'opposition entre la mystique de *l'être* et la mystique des *noces*.

Ces oppositions n'ont plus aucun sens lorsqu'on parle de « *l'expérience mystique naturelle* ».

Naturelle, parce qu'il est dans la *nature* de tout être humain de vivre une expérience dans laquelle se révèle sa propre essence immanente.

L'étymologie rattache le mot *mystique* aux mystères. L'expérience mystique naturelle est un éveil au mystère que l'homme « est » dans la profondeur de son être.

Qu'est-ce que l'expérience mystique naturelle ?

Pouvons-nous envisager des critères qui attestent qu'un vécu intérieur peut être considéré comme étant une expérience mystique ?

L'authenticité d'une expérience mystique ne dépend ni de la circonstance ni de l'événement déclencheur. Compte la *qualité d'être* éprouvée par celui qui vit cette expérience intérieure.

Un coucher de soleil, l'interprétation d'une œuvre de Debussy, une chorégraphie de Maurice Béjart, un tableau de Dürer sont des *rencontres* qui peuvent vous faire basculer dans une vie intérieure *unifiée* ; un moment au cours duquel vous êtes *en ordre*, tout simplement en ordre. Expérience d'une *plénitude* intérieure qui efface, d'un instant à l'autre, la sensation d'un vide intérieur, d'un manque.

L'expérience mystique, même lorsqu'elle est qualifiée comme étant naturelle, est généralement réduite par les rationalistes à un phénomène irrationnel : « Ce n'est que subjectif ! »

Si nous examinons l'expérience mystique dans son rapport avec la raison, il serait mieux de dire que ce *vécu* ne peut pas être enfermé dans les filets de la pensée discursive.

Est-ce une expérience qui dépasse les limites de la raison ? Je préfère dire que c'est une expérience qui est avant la pensée, avant les raisonnements, avant la conscience objectivante. Il n'y a là rien d'irrationnel. Lorsque je *goûte* un vin, le *vécu* précède la faculté de transférer l'expérience dans les catégories conceptuelles et de s'exclamer : « C'est un bordeaux ; c'est un bourgogne ; ce vin a de la cuisse… »

La prétention de s'en tenir à la pure raison entrave, plus souvent que nous le pensons, la prise au sérieux de l'expérience mystique naturelle, « *Ces moments de notre vie pendant lesquels nous avons été très près, ne fût-ce qu'un instant, de la vérité de la vie* [1]. »

1. Mes leçons avec Graf Durckheim.

L'expérience mystique, moment de guérison ?

Bien avant le diagnostic qu'a pu faire Freud, les représentants de la philosophie hellénistique avaient observé que la qualité d'être qui règne chez l'homme identifié à l'ego est *l'angoisse* ; l'angoisse et les états qui l'accompagnent : souci, appréhension, inquiétude, anxiété, etc.

Dans son livre *Exercices spirituels et Philosophie antique* [1], le philosophe Pierre Hadot écrit : « *Tout d'abord la philosophie se présentait comme une thérapeutique destinée à guérir l'angoisse.* »

Le zen avoue un but : *la paix intérieure.*

L'expérience mystique naturelle est l'immersion à cet autre niveau d'être où l'angoisse est absente.

André Comte-Sponville [2] décrit très bien ce qu'il appelle cette « *mise entre parenthèse* » de l'ensemble des processus conglomérés dans le mot de trois lettres le plus souvent prononcé au cours d'une vie : « m o i ».

La psychothérapie cherche les meilleurs moyens pour guérir « le » moi psychologique.

Cependant, C.G. Jung se distingue des théories proposées par Freud. Dans une lettre datée du 28 août 1945, adressée à un correspondant anglais, le psychiatre zurichois écrit :

1. Pierre Hadot, *Exercices spirituels et Philosophie antique*, Albin Michel, 2002, p. 290 à 304.
2. Voir page 58.

« *Ce qui m'intéresse avant tout dans mon travail n'est pas de traiter les névroses mais de me rapprocher du numineux. Il n'en est pas moins vrai que l'accès au numineux est la seule véritable thérapie* [1] ».

Le numineux ? Ne cherchez pas ce mot dans le Larousse ou le Robert. Jung reprend un concept utilisé par Rudolf Otto dont l'ouvrage, *Le Sacré* [2], a connu un succès retentissant.

Chez l'homme se révèle un sentiment, un ressenti, une impression spécifique, produite par l'objet religieux. Quel est l'objet religieux ? En un mot, c'est le *mystère.* À l'élément qui est la cause de ce sentiment Rudolf Otto donne un nom : le *numineux.*

Lorsque je demande à Graf Dürckheim ce qu'il entend par l'être essentiel, il répond : « *Qu'est-ce que c'est ça l'être essentiel? A cette question je ne peux pas répondre. Parce que ce n'est pas un ça ! L'être essentiel se révèle, en chacun de nous, dans des expériences qui ont un caractère numineux* ».

Et il ajoute : « *Nous pouvons certainement reprocher aux Églises occidentales de maintenir les fidèles sur le seul plan des croyances et des dogmes qui représentent le niveau de maturation le moins élevé sur le plan spirituel. Parce que cette fixation dans le domaine réservé aux théologiens est ce qui empêche le plus l'accès et la reconnaissance des expériences religieuses qui ont un caractère numineux* [3]. »

1. C.G. Jung, *Correspondance : 1941-1949*, Albin Michel, p? 114.
2. Rudolf Otto, *Le sacré*, Petite Bibliothèque Payot, 1969.
3. Mes leçons avec Graf Dürckheim.

Le numineux est le *goût du réel* lorsqu'il n'est pas contaminé, déformé, défiguré par les images ou par les pensées.

Erich From, psychanalyste américain d'origine allemande, voit le satori comme étant *« un recommencement de l'expérience que fait l'enfant au stade pré-intellectuel* [1]*.»*

Teitero Daisetz Suzuki écrit : « *Ce qu'on appelle Satori est l'expérience de la non-dualité sujet-objet.* » À Dürckheim, auquel il rendra visite en Forêt-Noire dans les années cinquante, il dira : « *Satori, c'est* l'*expérience édénique ; expérience d'une sensation nouvelle qui, en même temps, est l'expérience d'une sensation ancienne.* »

L'adulte qui vit cette expérience fait donc marche arrière. Une reprise de contact avec son *être de nature*, sans perte du plein développement de la raison, de l'objectivité, ni de la conscience de son individualité.

Graf Dürckheim voit dans la qualité du numineux : *« Une expérience grâce à laquelle l'homme reconnaît, ne serait-ce qu'un instant, qu'il est quelqu'un d'autre que le Moi auquel il est resté jusque-là identifié* [2]. »

1. T. D. Suzuki, *Psychanalyse et Bouddhisme zen*, PUF, 1981.
2. Mes leçons avec Graf Dürckheim.

Mes leçons avec Graf Dürckheim

Ici et là, j'ai cité Graf Dürckheim. La plupart de ces citations sont extraites des quelque 400 heures d'entretiens que j'ai eu la chance de partager avec le vieux sage de la Forêt-Noire entre 1967 et 1988 ; des tête-à-tête que j'ai pu enregistrer.

Voici la transcription d'une leçon datée du mois de juillet 1968.

Jacques Castermane. On parle beaucoup aujourd'hui de méditation. Qu'entendez-vous par ce mot ?

Graf Dürckheim. *Méditation, c'est un concept ! Si vous posez cette question à vingt personnes, je suis persuadé que vous aurez vingt définitions différentes. Il me faut donc vous dire tout d'abord dans quel sens j'en parle moi-même.*

On ne peut pas dire la méditation c'est ça ! On ne peut pas discuter le terme, mais on peut décrire ce que l'on comprend en pratiquant soi-même.

J.C. Vous distinguez ce qu'on pourrait appeler la méditation orientale et la méditation occidentale ?

G.D. *Ce serait un grand malentendu de croire que la méditation telle que je la pratique et l'enseigne soit quelque chose d'oriental. Le zen appartient au bouddhisme et se pratique au Japon où il a été introduit il y a sept cents ans. Mais si je vous décris ce qui m'a touché dans le zen, vous percevrez très rapidement que l'expérience humaine pour laquelle il prépare les conditions dépasse le Japon traditionnel, culturel et aussi spirituel.*

On ne rencontre pas le zen dans les livres. On rencontre le zen dans la présence des hommes du zen. Les hommes du zen que j'ai pu rencontrer pendant mon séjour au Japon m'ont toujours paru remarquables. Là où vous rencontrez le zen, il y a toujours une atmosphère très fraîche, très forte, très vivante et pleine d'humour. Authenticité et véracité, voilà ce qui m'a frappé dans le milieu du zen, dans ma rencontre avec les maîtres zen et leurs disciples.

Autre chose qui m'a frappé dans ma rencontre avec le zen est la pratique. Une religiosité, si j'ose dire, qui n'est pas basée sur des croyances mais sur une expérience. Le zen n'est jamais une théorie, c'est une pratique. À la base du zen il y a l'expérience.

J.C. Il y a là une différence avec notre univers religieux.

G.D. *Notre civilisation judéo-chrétienne est fondée sur deux piliers. Le premier est celui de la révélation supranaturelle, le second est celui de l'expérience naturelle.*

L'expérience naturelle aboutit aujourd'hui à l'organisation de notre vie rationnelle et au développement des techniques qui maîtrisent les forces de la nature.

La révélation supranaturelle est enracinée dans la foi.

L'Orient ne connaît pas la foi comme nous comprenons ce mot. Et l'Orient n'a jamais imaginé que la science rationnelle pourrait nous apprendre quelque chose sur le sens de la vie. Pour l'Orient, tout ce qui est conceptualisation de notre expérience vitale est déjà une falsification de la vérité de la vie. Et si cette conceptualisation est nécessaire, puisque nous sommes des hommes, elle ne représente qu'un pôle de ce qui permet la recherche du sens de la vie.

La base de la sagesse orientale n'est pas l'expérience naturelle et n'est pas la foi. L'Orient a donc autre chose. Ils ont comme base de la sagesse, ce que je pourrais appeler la révélation expérimentale. Le zen nous invite à reconnaître ce troisième pilier : celui de l'expérience révélatrice du sens. Expérience qui dépasse totalement le niveau, les limites, les catégories de notre conscience naturelle.

Le zen repose entièrement sur cette expérience libératrice à laquelle il donne le nom de satori.

Une expérience qui d'un moment à l'autre vous libère des préoccupations du moi existentiel.

À la base de la sagesse, il y a cette expérience inouïe où se révèle la réalité la plus profonde de nous-mêmes. L'expérience de ce côté caché de nous-mêmes que voile notre conscience humaine. Voilà le paradoxe ! Ce qui nous différencie de l'animal, la conscience humaine objectivante, est en même temps notre danger. Nous sommes endormis… mais un beau jour nous pouvons nous éveiller.

Et c'est cette expérience de l'éveil qui porte ses fruits chez celui qu'on appelle le maître. Mais ce à quoi le maître s'est ouvert est présent en chacun de nous. Présent en tant que nostalgie d'un autre état d'être que celui dans lequel nous vivons quotidiennement. Et le zen, c'est se mettre en chemin pour découvrir ce qui attend d'être découvert.

J.C. L'exercice est la chance d'une telle expérience ?

G.D. *L'exercice sur le chemin tourne autour de la chance d'une telle expérience. L'exercice est aussi une préparation lente et systématique de l'homme, d'un changement de l'homme entier qui a pour sens l'éveil à cette autre réalité de soi-même. Les différents exercices que propose le zen représentent toujours l'effort d'éliminer ce qui empêche la manifestation de l'être profond, de notre vraie nature. L'exercice, en même temps, favorise les conditions qui rendent possible la manifestation de notre nature essentielle.*

C'est ce qu'on appelle la pratique de la Voie, le Chemin.

J.C. La Voie, le Chemin, n'est-ce pas aussi la vie quotidienne ?

G.D. *Ce qui a été curieux et très intéressant pour moi dans ma rencontre avec le zen est que le quotidien, la vie de chaque jour, chaque action dans la journée, est la chance d'un exercice sur le Chemin. Le zen, c'est aussi la nécessité de lutter dans cette vie. On comprend très vite, lorsqu'on entre dans l'atmosphère du zen, que c'est une ambiance dangereuse. Le zen n'est pas confortable et doux. Le zen n'est pas la tranquillité dans la fuite du monde. C'est pourquoi les arts de combat y jouent un rôle important. Non pas pour tuer l'ennemi qui est au-dehors, mais pour transformer quelqu'un au-dedans. Et aboutir à cet état d'être qui n'a plus rien à voir avec la vie et la mort. Découvrir, en soi, ce qui est au-delà de la vie et de la mort.*

J.C. Ce qui, en nous, est au-delà de la vie et de la mort est ce que vous appelez l'*être essentiel ?*

G.D. *Le zen voit l'homme comme une réalité qui a elle-même deux pôles. Et la vie de l'homme est un dialogue entre ces deux pôles. Je parle souvent du moi conditionné et de l'être inconditionné.*

Le moi conditionné c'est Monsieur X, Madame X, tel qu'il est reconnu dans le monde. C'est le moi : né dans une famille particulière, soumis à une éducation particulière, aboutissant à une carrière particulière, à une position sociale dans le monde.

En même temps, il y a en nous tous un être inconditionné qui aimerait se manifester pendant toute notre vie depuis la petite enfance. Nous savons aujourd'hui, grâce aux travaux de la psychologie, combien le refoulement de cet être authentique est à la base des maladies névrotiques.

Nous sommes le plus souvent identifié à celui qui a été façonné par l'éducation, par la société à laquelle nous devons nous adapter pour vivre. Cela nous rend aveugle a notre être authentique que le zen appelle notre vraie nature.

Le zen a pour sens l'éveil à notre vraie nature ; la libération de notre être essentiel. Il ne faut donc pas voir dans le zen quelque chose d'étrange et d'étranger à notre culture. C'est une tradition, encore très vivante en Extrême-Orient, qui permet de résoudre un problème humain.

Si l'homme occidental perçoit l'impasse dans laquelle sa pensée l'a conduit, il reconnaîtra qu'il est vain d'essayer d'en sortir par les moyens mêmes qui l'ont créée. Si, par ailleurs, il renonce à la solution facile de la fuite, il sera obligé de prêter l'oreille à la voix de son être essentiel, insaisissable à la pensée objective.

Les pages qui suivent reprennent des lettres titrées : *D'Instant en instant.*

Elles sont adressées, chaque trimestre, aux personnes qui viennent au Centre Dürckheim. Par expérience, je suis convaincu que *l'essentiel* n'est transmissible que par une pratique vivante.

Chaque lettre donne quelques indications sur le *pourquoi ?* et le *comment ?* de cette Voie spirituelle qui attire de plus en plus de femmes et d'hommes en quête de sens : le zen, chemin d'expérience et d'exercice.

Une lettre n'a pas forcément de lien immédiat avec celle qui précède ou celle qui suit ; elles peuvent donc être lues dans le désordre.

Il est inévitable que certains passages se recoupent en différents points. Puisse le lecteur ne pas se laisser importuner par ces quelques répétitions.

Devenir conscient de l'Être

Le sens de l'exercice est ce que le zen appelle l'éveil à notre vraie nature.

Graf Dürckheim utilise l'expression : notre être essentiel. Peu importe les mots qui permettent d'évoquer l'indicible. Compte l'expérience. Parce que la question est de savoir comment devenir conscient de notre vraie nature.

Pour la personne qui est en chemin, c'est la question centrale : comment puis-je devenir conscient de ma nature essentielle ?

La réponse concerne toujours trois facteurs :

1. La personne qui est en chemin se doit de développer l'organe grâce auquel elle peut goûter la présence de sa nature essentielle, de son être essentiel. Ce qu'on appelle le corps, le corps qu'on « est » (à ne pas confondre avec le corps qu'on « a »), est l'instrument sur lequel résonne le son de l'être. Comment s'accorder afin d'être en résonance avec ce son ?

2. La personne qui est en chemin doit reconnaître les obstacles qui la séparent de son être essentiel. Passage obligé par la connaissance du fonctionnement de son propre ego : fonctionnement de son propre esprit (les réactions mentales) ; fonctionnement de son propre cœur (les réactions affectives). L'identification au niveau d'être qu'est l'ego empêche l'éveil à cet autre niveau d'être qu'est notre nature essentielle.

3. Afin de réaliser ces deux exigences, la personne qui est en chemin doit prendre l'initiative du choix d'un *exercice* et se donner une exigence, le renouveler sans cesse.

Les personnes qui se mettent en chemin ont souvent du mal à comprendre l'importance de cet exercicc, simple, chaque jour remis sur le métier. Je dois, sans cesse, leur dire qu'il n'y a rien à comprendre ! Ce qui importe est de *sentir ce qu'on sent* au moment même où on pratique. L'exercice est toujours le même mais l'expérience intérieure à laquelle il conduit est toujours différente. Sans cesse renouveler et approfondir le même exercice !

En Occident, on ne nous apprend pas à cultiver *l'esprit de répétition*. Ce qui motive les enseignants et les pratiquants est l'esprit d'acquisition et l'esprit de performance.

Aux participants qui me disent : « Mais nous avons déjà fait cet exercice aux séjours précédents ! », je ne peux que répondre, avec un sourire : « *Moi aussi. Cela fait bientôt quarante ans que je reprends cet exercice. Mais aujourd'hui, j'ai l'impression d'avoir perçu quelque chose que jusqu'ici je n'avais pas encore senti !* »

C'est en pratiquant toujours le même exercice que nous arrivons à connaître le fonctionnement de notre propre esprit et de notre propre cœur. Aujourd'hui j'observe telle réaction mentale ou telle réaction affective. Par exemple : le désir de réussir animé par un ego encore avide de performance ; désir qui entraîne nécessairement la crainte d'échouer. Résultat, une action qui pourrait être accomplie dans la liberté de l'être, calmement et le cœur en paix, devient une action exécutée dans la crispation et l'esprit agité.

La pratique de l'exercice n'est pas un moyen qui permet d'arriver à un but après deux ou trois ans de pratique. L'exercice que je fais maintenant est l'occasion d'une expérience que je vis maintenant. Est-ce que je respire, maintenant, pour vivre dans deux ans ? Non. Je respire en ce moment parce que je vis en ce moment. Mieux respirer maintenant, c'est mieux vivre maintenant.

L'erreur de l'homme occidental, lorsqu'il est en chemin, est de pratiquer pour… après.

Méfiez-vous ! Arrivera le jour où il n'y aura plus d'après. Ce jour où pour épitaphe vous mériterez cette sentence : « *Toute sa vie il a attendu d'être mieux après !…* »

La vie spirituelle, ce n'est pas se préparer à une autre vie ; la vie spirituelle, c'est ne pas oublier qu'en ce moment : *j'existe.*

La pratique de l'attention est la chance de réaliser que j'existe à l'instant ; ni avant, ni après.

Rappelez-vous cette conversation entre un maître zen et son jeune disciple :

« Maître, faites-vous quelque effort pour vous discipliner dans la vérité ?

– *Oui, j'en fais.*

– Lequel et comment ?

– *Quand j'ai faim, je mange.*

– C'est ce que chacun fait. Tous les humains s'exercent donc comme vous ?

– *Non.*

– Pourquoi ?

– *Parce que lorsqu'ils mangent, ils ne mangent pas. Ils pensent à mille choses et par cela se laissent troubler. Voilà pourquoi ils ne font pas comme moi !* »

La pratique méditative : réveil du moi sans nom !

La méditation est le cœur battant du zen. Elle est au cœur de l'enseignement proposé par Graf Dürckheim. Dès notre première rencontre, en 1967, il m'a initié au zazen. J'ai été immédiatement conquis par cette pratique méditative sans objet qui a pour sens la réalisation spirituelle de l'homme. J'ai eu instantanément l'intuition que ce chemin, dépouillé de tout contexte confessionnel, correspondait pour l'homme en quête de sens à l'esprit du temps.

À quoi *bon* la pratique méditative?

Le zazen, pratique spirituelle, a nécessairement pour sens l'approfondissement de notre réflexion sur la naissance, l'impermanence et la mort. Pourquoi suis-je né ? Pourquoi dois-je mourir ? Quel est le sens de l'acte de vivre entre ces deux moments importants.

Ceci ne veut pas dire que nous exerçons l'assise pour broyer du noir en reconnaissant l'impermanence de tous les événements et l'impermanence de toutes choses.

Nous sommes assis, chaque matin, afin de découvrir la vérité de la vie et le sens que peut bien avoir l'acte de vivre.

C'est en pratiquant l'exercice de l'assise, l'exercice de l'immobilité, que j'ai observé que je préférais penser ma vie et rêver ma vie plutôt que de vivre le moment présent. J'ai observé que je cherchais le sens de ma vie à l'extérieur. Que c'est le monde extérieur qui devait donner sens à mon existence en comblant mes désirs, mes attentes, mes espérances.

C'est en reprenant quotidiennement la pratique méditative que j'ai fait l'expérience que le sens de l'acte de vivre est présent au cœur de l'être, dans ce que le zen appelle le *moi sans nom* ou le *moi sans moi.*

Le moi sans nom ! Le moi sans moi !

Zazen, c'est être-là, assis, en tant que *moi sans nom.* Notre maître pour la pratique de la cérémonie du thé disait : « *Zazen c'est être là, comme une fleur dans un vase.* » Aujourd'hui je dirais que zazen c'est : « *Être là, comme le bébé au berceau.* »

L'enfant est présent au moment présent. Il vit sa vie dans la présence. Il *est,* en l'absence des « plus » que seront ultérieurement le nom de famille, les diplômes, la fonction sociale. Il *est* sans « surplus », sans valeur ajoutée par les concepts et les conceptions, les théories et les dogmes, les -logies et les -ismes.

Nous pratiquons quotidiennement pour réveiller le *moi sans moi :* notre *être de nature.*

Mais, penserez-vous, je ne tiens pas à vivre sans pouvoir dire « moi » ! Je ne veux pas perdre mon nom, mon identité et tout ce qui y est attaché ! Je ne désire pas être comme une fleur dans un vase ou comme le bébé au berceau. Je dois assumer mes responsabilités familiales, sociales, professionnelles.

Je ne pratique pas pour fuir le monde et mes devoirs vis-à-vis du monde. Je pratique pour mettre en accord le moi mondain (l'ego) et le moi sans nom (ma nature essentielle).

Je pourrai alors assumer mes responsabilités vis-à-vis du monde, plus *calmement,* plus *sereinement,* plus en *confiance.*

L'identification au moi mondain est la source de l'angoisse. L'éveil au moi sans nom, à notre nature essentielle, est la source de la paix intérieure.

Le moi sans nom est ce niveau d'être où, vivant dans la simple joie d'exister, la question du sens de la vie ne se pose plus.

Niveau d'être où *être* est le sens.

La pratique de la Voie dans le quotidien : rien que l'instant présent !

« *Si nous pouvions être entièrement dansle moment présent nous ne connaîtrions pas l'angoisse.* »
(Karlfried Graf Dürckheim)

Je rappelle régulièrement aux participants au zazen du matin qu'il est important de ne pas opposer l'exercice et le quotidien. Être en chemin demande d'investir dans l'acte quotidien, aussi banal semble-t-il être, la même attention que celle exercée au cours de la pratique méditative.

D'où mon étonnement d'entendre, moins de cinq minutes après la fin de l'exercice, les portes du Centre maltraitées, malmenées, brutalisées, *claquées* !

Que faire ? L'idée m'est venue d'adapter un texte de Dôgen (maître zen du XIIe siècle), dans lequel il donne des instructions au cuisinier de son monastère afin que celui-ci prolonge sa pratique méditative dans son activité quotidienne.

Voici ce texte adapté à la circonstance et affiché sur chaque porte du Centre:

Instructions à toute personne qui se dit en chemin et qui ouvre ou ferme une porte !

Si vous ouvrez ou fermez une porte, que cet acte d'ouvrir ou de fermer la porte ne vous inspire aucun sentiment d'indifférence ou de mépris.

Même s'il s'avère que cette porte est difficile à ouvrir ou difficile à fermer, ne ressentez aucune hostilité pour la porte, non plus pour le menuisier qui l'a réalisée, non plus pour les propriétaires du lieu ou leurs ancêtres.

Soyez détachés!

Là où il n'y a pas d'attachement il n'y a pas d'hostilité.

Même si la porte est faite d'une matière grossière, ne la traitez pas sans égards.

Faites preuve envers elle d'autant de diligence et d'attention que si vous étiez en présence d'un objet précieux.

Il est important que votre esprit ne change pas selon la qualité de l'objet. La porte d'entrée de la vieille maison est différente de la porte d'entrée du dojo, différente elle-même de la porte d'entrée des toilettes. Adaptez votre geste d'ouvrir ou de fermer selon la porte à ouvrir ou à fermer.

Une porte fermée avec bruit dénonce un comportement qui n'est pas celui qu'on peut attendre d'une personne qui pratique la Voie.

Appliquez-vous à bien ouvrir et à bien fermer chaque porte silencieusement.

Si vous ne comprenez pas l'importance de l'acte d'ouvrir et de fermer une porte, c'est que vous n'avez pas encore clarifié votre esprit !

Vos pensées dispersées galopent encore comme un cheval sauvage et vos émotions bondissent encore comme un singe de branche en branche.

Cependant, quand ces pensées fougueuses et dispersées reculent et font retour sur elles-mêmes, ne serait-ce qu'un instant (celui pendant lequel vous ouvrez ou fermez la porte), votre nature originelle apparaît tout naturellement et toutes choses sont égales et en harmonie.

La poignée de porte que vous tenez dans votre main devient le corps sacré de l'ultime réalité, et ce corps que vous maintenez avec respect redevient une simple poignée de porte.

L'exercice de ce merveilleux pouvoir de transformation est le propre de l'activité de Bouddha dont profitent tous les êtres.

Le résultat de cet affichage fut impressionnant ! Quel beau silence, dans le périmètre du Centre, pendant cette journée. Lorsqu'ils marchaient, plusieurs participants témoignaient qu'il est possible d'être *un avec chaque pas.*

Shikan ! Cette expression de la langue japonaise signifie : *rien que.*

Shikan taza signifie : rien qu'être assis.

Il est fructueux, à divers moments de la journée, de couper le fonctionnement mental autonome qui me fait courir dans le passé – qui n'est plus – ou dans le futur – qui n'est pas encore – en prononçant les mots : *rien que.* C'est à chaque fois, l'occasion de réintégrer le moment présent. Rien qu'un pas… lorsque je marche de mon domicile au parking ; rien que… fermer la porte ; rien que… faire pipi !

À ce propos, voici une anecdote intéressante. C'était pendant une sesshin (cinq jours de pratique méditative, cinq jours de silence, cinq jours pour exercer l'attention). Un matin, sur les portes des toilettes, une affiche : « *Rien qu'uriner* » !

Voilà qui est ennuyeux. Où faire la « suite » des opérations ? Le problème de tuyauteries devait être important, car à l'intérieur de cet espace restreint, que vous soyez debout au assis, la même affiche ne pouvait qu'attirer votre attention.

La question de savoir si les travaux allaient durer longtemps a provoqué un fou rire du maître zen qui avait fait appliquer cet avis. En fait, il n'y avait aucun problème d'écoulement qui aurait obligé un plombier à intervenir. Mais seulement l'invitation d'exercer le « *rien que* » à l'occasion d'une action aussi peu digne d'intérêt qu'uriner.

L'importance accordée à l'instant présent, soulignée par tous les maîtres zen, n'est cependant pas une japonaiserie. Pour preuve ce qu'écrit le philosophe André Comte-Sponville : « *Ta vie n'est pas tapie dans l'avenir, comme un destin ou un fauve menaçants. Ni cachée dans le ciel, comme un paradis ou une promesse. Ni enfermée dans ton passé comme dans une prison. Elle est ici et maintenant : elle est ce que tu vis et fait* [1]. ».

Rien que le moment présent ! Remplir le moment présent de son action.

Régulièrement remonte de ma mémoire ce que m'a dit Graf Dürckheim : « *Jacques, si nous pouvions être entièrement dans le moment présent nous ne connaîtrions pas l'angoisse.* »

La pratique méditative est une porte qui ouvre sur cette vérité que nous pouvons vérifier ne serait-ce qu'en ce moment pour ce moment.

1. André Comte-Sponville, *Pensées sur le temps*, Albin Michel, 1999.

La vie spirituelle en… prison !

J'ai eu un échange de correspondance avec un homme incarcéré dans une prison française.

Il m'avait écrit suite à la lecture du livre dans lequel j'ai transcrit *mes leçons avec Graf Dürckheim* [1]. Dans sa cellule il pratique le Yoga et la méditation.

Voici un extrait d'une de ses lettres :

Le corps est une prison pour celui qui n'aime pas son corps !

La vie est une prison pour celui qui n'aime pas la vie !

Le monde est une prison pour celui qui n'aime pas le monde !

La prison est une prison pour celui qui n'accepte pas la prison !

Monsieur,

Je ne vous ai pas rencontré. Notre échange de correspondance s'est arrêté lorsque vous avez été transféré d'un établissement pénitencier dans un autre. Je ne connais pas les raisons de votre incarcération.

Votre courrier m'a profondément touché ; aussi les quelques personnes auxquelles j'ai fait part de votre discernement.

Je dois vous remercier. Parce que vous m'avez fait prendre conscience de mon propre emprisonnement alors que j'ai la chance de vivre en liberté.

1. K. G. Dürckheim, *Le centre de l'Être*, propos recueillis par Jacques Castermane, Albin Michel, 1992.

Je n'en reviens pas. Hier, au saut du lit, j'ouvre les volets et au moment même se manifeste ma première plainte de la journée : « *Merde, il pleut* ! »

Aussitôt je vous entendais me dire :

« *La pluie est une prison pour celui qui n'aime pas la pluie* ! »

Quel enseignement ! Merci à vous.

La pratique méditative sans objet

Quelle que soit la motivation qui conduit une personne à venir au Centre, il s'agit toujours pour elle de profiter de son séjour pour faire un pas sur le chemin de la *connaissance* de soi et de la *réalisation* de soi. Parce que c'est en elle-même, en son être, que la personne individuelle peut trouver sens à sa vie dans les conditions particulières de son existence.

La pratique méditative sans objet, le zazen, est une voie de connaissance de soi introduite en Occident peu après la Seconde Guerre mondiale. Graf Dürckheim propose la pratique du zazen dès son retour du Japon en 1947.

Si on fait de l'Orient une réalité géographique qui adhère à une tradition spirituelle traditionnelle particulière, je ne vois pas l'intérêt d'introduire son contenu en Occident. Le Dalaï-Lama lui-même conseille aux Occidentaux de bien réfléchir avant de vouloir devenir bouddhiste. Déjà pendant son séjour au Japon, Graf Dürckheim pressentait que dans le zen il fallait différencier le contenu particulier propre au bouddhisme et ce qui, en tant que *principe universel*, fait partie de la profondeur de l'humanité entière. Ce principe concerne le cheminement intérieur de l'homme et il a sa place dans la tradition occidentale. La pratique méditative sans objet est un chemin d'éveil au secret que chacun est dans la profondeur de son être, à l'essence. Une réalité qui n'est secrète que parce que je l'ignore. Le travail à faire sur soi est donc, principalement : la perte de l'ignorance de ce que je suis déjà au plus profond de l'être.

La méditation sans objet ?

Il s'agit tout d'abord de suspendre ses activités habituelles. Non pas pour ne rien faire mais pour faire rien ! Et profiter de cette action, faire rien, pour explorer ce que nous avons sous les yeux.

Par exemple, observer les objets qui se présentent dans le champ de la conscience. La pratique méditative, loin d'être une fuite du réel, est un face-à-face avec soi-même. Lorsque je suis assis, immobile, face au mur, je suis exactement le même que celui que je suis dans la vie de tous les jours. Avec cependant une différence : j'observe qui je suis, je fais connaissance avec moi-même, non pas d'une manière objective (comme dans les sciences humaines) mais en tant que sujet (qui sent, éprouve, désire, refuse). Je m'assois, chaque matin, pour répondre à la question : *qui suis-je à l'instant* ? Autrement dit, quel est le fonctionnement de mon propre corps et de mon propre esprit à l'instant ?

Quel est ce fonctionnement, ce vécu ?

Notre conscience ordinaire déborde de contenus objectifs. Soient-ils les reflets des objets qui composent notre environnement (par exemple : la table, l'ordinateur, l'arbre que je vois par la fenêtre, etc.) ou des objets intérieurs (par exemple : les pensées, les images, les souvenirs).

Le plus souvent, la première observation que fait le méditant est le *chaos* mental ! Bien malgré moi je brasse une multitude de pensées, d'idées, qui ne sont pas toutes utiles au moment présent.

La vigilance pour ce qui se passe à l'instant me permet d'observer non seulement une activité mentale incessante, mais que ces pensées agitent mon propre cœur (les émotions qui troublent l'âme) et engagent des réactions physiques (crispation, agitation).

Quelle pagaille! Quelle frénésie! « Quand je *pense* que je pratique afin de trouver un peu de calme, de sérénité ! »

L'observation neutre, sans analyse et sans jugement, de cette valse des pensées et des émotions est le chemin le plus court pour ne plus vivre sous le règne d'un processus qui annihile la liberté de l'être, de l'acte d'être.

Une pratique régulière, quotidienne, apaise le corps, apaise l'esprit et apaise le cœur.

Dans la méditation que je pratique, et enseigne, l'action fondamentale, l'exercice, est *l'observation de l'acte de respirer*. Cependant, lorsqu'une pensée entre dans le champ de la conscience, j'*étiquette* cette pensée (« en train de penser que je dois téléphoner à untel »). L'étiquetage conduit à l'observation que les pensées n'ont pas de réalité propre. L'étiquetage, que je peux aussi pratiquer en conduisant la voiture, en attendant mon tour à la caisse d'un supermarché, me libère, au moment même, et pour ce moment, de ce mécanisme autonome.

Est-ce qu'il faut arriver à ne plus penser ?

Non ! La pensée, l'acte de penser, est un outil merveilleux. L'étiquetage aide à distinguer les pensées utiles des 99 % de pensées inutiles, la plupart angoissantes et agitantes. Le bon outil est la pensée utile à notre bon fonctionnement dans le monde et utile au bon fonctionnement du monde. Les pensées inutiles, qui causent un remue-ménage psychosomatique, sont composées de souvenirs, d'opinions, de fantasmes, de rêves qui nous coupent du réel.

Dans son livre *Les Âges de la vie* [1], Christiane Singer relate l'histoire d'un homme qui, enfermé par mégarde dans un camion frigorifique, a décrit les symptômes de son agonie par le froid. Lorsqu'on trouve le cadavre, on constate que le système de réfrigération n'était pas branché ! Cet homme est donc mort de froid... dans une chambre tempérée ! La cause de sa mort est sa pensée, fruit du fonctionnement chimérique de son propre esprit !

Afin de sortir de la nature obsédante de la pensée, je ne saurais trop vous encourager à étiqueter vos pensées afin de coller au réel, de voir les choses telles qu'elles sont réellement à l'instant.

À l'instant. Parce qu'il est vrai que je peux parvenir à cette libération immédiatement, en ce moment pour ce moment. En même temps, c'est l'exercice repris quotidiennement qui prépare les conditions pour que cette expérience momentanée devienne une manière d'être.

1. Christiane Singer, *Les Âges de la vie,* Albin Michel, « Espaces libres », 1990.

Connais-toi toi-même… à l'instant !

C'est la seule réponse qui puisse être donnée à la personne qui se pose la question : *qui suis-je ?* Question qui rassemble une triple interrogation : *Pourquoi suis-je né* (d'où vient la vie, ma vie) ? *Pourquoi dois-je mourir* (où va la vie, ma vie) ? Étant vivant, *quel est le sens* de la vie, de ma vie ?

Où trouver les réponses ?

Les méga-librairies sont encombrées d'ouvrages qui ont ce dessein. Les uns cherchent une réponse chez les philosophes, d'autres chez les théologiens, d'autres encore chez les mystiques, d'autres enfin chez les psychologues ou les scientifiques de pointe. Il faut aussi reconnaître une attirance de certains pour les spéculations irrationnelles qui débordent de certains rayons.

L'appétence pour le livre, qui ne peut que réjouir les auteurs et les éditeurs, est cependant un signe encourageant. Non pas parce que les ouvrages, aussi sérieux soient-ils, détiennent la réponse à la question *qui suis-je ?*, mais parce que cette multitude de livres indiquent qu'un nombre croissant de nos contemporains ne refoulent plus le questionnement sur l'être. Cependant, nous devons savoir que nous ne trouverons pas la réponse à la question *qui suis-je ?* à l'extérieur.

Si je ne peux pas trouver la réponse à l'extérieur, il faut donc que je la cherche à l'intérieur. C*onnais-toi toi-même !*

Cette exhortation n'engage pas dans une recherche objective telle que celle proposée par les sciences humaines. D'autant moins que toute recherche objective fait du *je suis*, de notre vie intérieure, un jeté hors, un ob-jet.

À Graf Dürckheim qui lui demandait comment il voyait la différence entre le savoir et la sagesse, D.T. Suzuki répondit « *Le savoir regarde au-dehors, la sagesse regarde en dedans ! Mais si vous regardez dedans comme vous regardez dehors, vous faites du dedans... un dehors !* »

La pratique méditative *sans objet* appelée zazen est une pratique qui conduit à la connaissance de soi en évitant le piège qui consiste à faire du dedans... un dehors.

Le zazen conduit à une connaissance de soi qui se fait dans l'immédiateté de la *rencontre.* Telles que je *rencontre* les choses à l'instant elles ont leur réalité pour moi !

L'homme des sciences vous dira : « Ce que j'éprouve dans la *rencontre*, n'est que subjectif ! »

Vous pouvez sans honte répondre *oui.* Oui, il s'agit bien là d'une expérience que je vis *en tant que sujet.* Ce qui est fâcheux, c'est d'entendre qu'une expérience éprouvée par l'homme sujet puisse être réduite à « *ce n'est que* subjectif ». Cette réduction efface la personne individuelle pour en faire un objet qui se répète à des millions d'exemplaires : *l'homme objet* noyé dans ce qu'on appelle la société, le collectif.

Bien entendu, si vous êtes un homme engagé dans la recherche scientifique, si vous êtes un philosophe pour lequel n'a de réalité que ce qui s'inscrit dans les catégories de la raison, vous devez éliminer toutes les qualités dont vous faites l'expérience dans la *rencontre* avec l'objet de votre recherche ou de votre analyse. C'est ainsi que pour un spécialiste en acoustique, ce qui importe ce sont les ondes, leur fréquence, leur longueur. Mais pour la personne individuelle qui aime Mozart ou le chant des oiseaux comptent les sons que j'entends réellement et qui n'ont de réalité que dans la *rencontre.* La connaissance de Debussy ou de Monnet se fait dans la rencontre. La connaissance de moi-même se fait dans la rencontre.

Ces différentes rencontres sont des expériences sensorielles. Ce sont les sens, les cinq sens, qui reçoivent les données qui se présentent à l'être humain.

Dans la pratique méditative, la rencontre avec soi-même comme la rencontre avec le monde se fait à travers l'acte de voir, l'acte de sentir, l'acte d'entendre. Je ne pratique pas la méditation pour transformer ce que je perçois en réalité objective susceptible d'une étude objective. Je pratique la méditation pour approfondir la connaissance qui m'est donnée dans l'observation neutre de ce qui est perçu par les sens.

En persévérant dans la pratique du zazen je prépare les conditions qui favorisent une *rencontre* aussi inattendue qu'inconcevable : celle qui me délivre de la question « *qui suis-je ?* ».

Le quotidien ou la culture de l'insatisfaction

Un matin, je suis sous la douche et voilà que le savon s'échappe de la main qui le tient ! En moins de temps qu'il n'en faut pour le dire, il glisse à l'autre bout de la salle de bains. À l'instant même, je suis bien obligé d'observer une réaction affective : *l'insatisfaction*. En vérité je râle ! D'autant plus que pour reconquérir cet objet volant je vais devoir me séparer d'un flux d'eau chaude bienfaisant et prendre le risque de marcher sur un sol glissant.

Nous ne sommes pas conscients du fait que *l'insatisfaction* est devenu notre état d'être ordinaire. Ce n'est pas pour rien que le Bouddha nous rend attentif au couple désir-refus qui est la cause de notre souffrance intérieure.

Tout au long d'une journée se présente, à *moi*, ce que *moi* j'aimerais qui ne se présente pas. Et pour augmenter encore l'insatisfaction il est rare que se présente, à *moi*, ce que *moi* j'aimerais qu'il se présente.

Nous sommes quotidiennement confrontés à des circonstances existentielles qui favorisent ces brusques modifications de l'humeur. Par exemple : l'autoroute A7 en direction du Sud le vendredi soir ; les caisses des supermarchés le samedi matin ; les bureaux de la poste et des autres administrations tous les jours ouvrables. J'allais oublier : « Chérie, où as-tu rangé les clés de la voiture... ? Chéri, il faudrait vider la poubelle... ! »

Nous sommes à ce point identifiés à nos sautes

d'humeur (irritation, colère, impatience, agressivité, abattement, exaspération) que nous avons tendance à considérer ce fonctionnement comme étant normal. Certains iront même jusqu'à dire : « C'est mon tempérament. » D'autres n'arrêteront pas d'incriminer les conducteurs du dimanche ou de vitupérer contre le gouvernement de la République qui est finalement la cause de tous les maux.

Dans tous les cas, cette mauvaise humeur est offerte en prime à son compagnon ou à sa compagne, aux enfants.

La pratique méditative sans objet est l'exercice idéal pour observer son propre fonctionnement en tant que sujet.

Connais-toi toi-même ! C'est la proposition de la philosophie. C'est la proposition de la psychologie et la psychanalyse occidentale née il y a plus ou moins un siècle. C'est l'invitation du Bouddha, il y a vingt-cinq siècles, à celles et ceux qui cherchent le moyen de se libérer de la souffrance.

Au cours de sa pratique méditative, Siddhârta Gautama découvre dans l'observation de son propre fonctionnement quatre processus fondamentaux :

La cognition indifférenciée. C'est la capacité d'être conscient d'une donnée, d'un phénomène, d'une information. Ces données sont reçues par les sens. Niveau de connaissance qui se fait sans analyse et sans jugement de valeur. Par exemple : *Voir ! Sentir ! Entendre !*

Dans la pratique du zazen, nous portons notre attention sur ce processus de notre esprit humain.

L'acte de reconnaissance. Opération de l'intelligence qui conduit à une représentation intellectuelle, mentale, de ce qui est vu, entendu, senti. Je vois... *un mur !*

J'entends... *un oiseau, une voiture !* Je sens... *une mouche sur le visage, une douleur dans la jambe !*

C'est le processus de la conceptualisation. La pensée nomme, distingue et classe dans les catégories de la raison tout ce dont nous sommes conscients.

Pendant le zazen, nous étiquetons ces opérations mentales, afin de ne plus confondre le réel avec la réalité conceptuelle. Le mot chien n'aboie pas !

L'évaluation affective, simple et immédiate. Ce dont je suis conscient grâce aux cinq sens, m'est agréable ou désagréable. Jugement qui met en place le couple : j'aime-je n'aime pas ! Pendant la pratique du zazen : *moi j'aime* entendre les oiseaux ; *moi je n'aime pas* sentir cette petite douleur dans la jambe !

La pratique du zazen me permet de différencier la conscience de ce qui est et le sentiment vis-à-vis de ce qui est.

La réaction, processus autonome, fulgurant. La réaction est physique, c'est un geste du corps qu'on *est.* Réaction globale de l'homme entier, même si elle semble être limitée, par exemple, à l'acte de se crisper dans les mâchoires. Pendant le zazen, l'observation attentive de la moindre réaction physique – laquelle contrarie l'exercice de l'immobilité – participe considérablement à la connaissance de soi.

La réaction est aussi mentale, verbale. Le silence exercé pendant le zazen révèle la force et le nombre des réactions habituellement subliminales qui décident de notre *humeur.*

Oui, mais quand même ! Il y a plus important dans la vie que le savon qui s'échappe de mes mains lorsque je suis sous la douche !

C'est bien vrai. Mais il ne s'agit pas, pour celui qui est en chemin, d'importance ; il s'agit d'*attention.*

Si je n'exerce pas l'*attention* aux petites choses, aux petites réactions qui traduisent mon insatisfaction, je resterai enchaîné aux processus réactionnels qui engendrent une souffrance plus intense. Dans la pratique du zen, nous commençons *petit.* Un voyage de mille lieues commence par un premier pas.

L'expérience spirituelle : transcendance ou immanence ?

Dernièrement je suis retourné au musée des Arts asiatiques Guimet, à Paris. Les représentations des moines en méditation rendent compte, mieux que les discours, de ce qu'est la *sérénité*, la *paix* intérieure. En même temps, ces sculptures signalent la place de l'exercice sur le chemin spirituel tel que le conçoit l'Extrême-Orient.

Comme le disait Graf Dürckheim : « *La spiritualité, ça n'existe pas. Mais il m'arrive de rencontrer une femme, un homme, spirituel.* »

À quoi les reconnaissez-vous ? « *À leur façon d'être là.* »

Dans la tradition japonaise, s'exercer au tir à l'arc, à l'art de l'épée ou à la cérémonie du thé représente toujours, comme pour l'exercice de la méditation, une voie de maturation intérieure. À tel point que lorsqu'un homme rencontre une personne qui par sa façon d'être là témoigne qu'elle est confiante et sereine, il ne manque pas de lui demander : « *Quel exercice pratiquez-vous ?* »

Sur la Voie spirituelle tracée par Graf Dürckheim, les personnes qui se mettent en chemin sont souvent étonnées de l'importance accordée aux exercices. Cet étonnement vient de notre conditionnement à l'opposition corps-esprit.

Comment un exercice corporel pourrait-il avoir un effet sur ma vie intérieure ?

Le mur qui sépare le corps et l'esprit n'est plus aussi épais qu'il a été. Le thérapeute confronté à une pathologie organique, fonctionnelle ou psychique observe aujourd'hui la relation intime, l'interdépendance, de ce qu'on appelle le corps et de ce qu'on appelle l'esprit. C'est un pas important dans le domaine des sciences humaines.

Cependant, une voie de sagesse comme le zen va encore plus loin en disant que corps et esprit sont *inclusifs* ! Ce qu'attestent quelques philosophes occidentaux comme Baruch de Spinoza, qui ne peut être désignés comme étant bouddhistes !

Dans l'affirmation : le corps et esprit sont inclusifs, il n'y a ni opposition ni interdépendance.

Lorsque j'observe ce qu'on appelle l'océan et ce qu'on appelle les vagues, je ne peux pas dire que la vague a un certain rapport à l'océan. La vague *est* l'océan. Ce qui ne m'empêche pas, lorsque je me baigne dans l'océan, de distinguer cette vague immense qui m'arrive droit dessus.

L'homme occidental est confronté à un constat d'envergure : ce qui, par l'habitude du fonctionnement de notre esprit, nous apparaît comme étant exclusif peut, en même temps, être inclusif.

L'esprit occidental accepte difficilement l'ambiguïté. Sauf, peut-être, dans deux domaines apparemment exclusifs : la science de pointe et la mystique immémoriale.

Ce qui oppose encore les représentants de la spiritualité occidentale à ceux de la tradition orientale se révèle dans les mots *transcendance* et *immanence*. C'est le danger des concepts qui situent, classent et excluent.

Graf Dürckheim a tenté de résoudre cette ambiguïté en parlant de « *transcendance immanente* ». Incompétence théologique ? Non. En associant ces deux concepts, Graf Dürckheim dissocie deux approches d'une même réalité : l'approche conceptuelle et l'approche expérimentale.

Suite à une expérience spirituelle saisissante me reste l'empreinte d'une intuition forte : ne pourrait-on pas dire que la transcendance est *immanence* lorsqu'elle est expérimentée, éprouvée, et que l'immanence *est transcendance* lorsqu'elle est pensée, conceptualisée, objectivée ?

En écrivant cela je vérifie ce que nous disait Morinage Roshi : « *Le concept tue la vie.* »

Quel est le but de la Voie tracée par Graf Dürckheim à son retour du Japon ?

La transformation de la personne humaine à partir de l'expérience de l'être. Un enseignement qui n'utilise pas les moyens d'une pensée analytique, discursive, ni ne prend la forme d'une croyance dogmatique ou d'une métaphysique spéculative, mais se présente comme un chemin *d'expérience* et d'*exercice*.

Zazen : une rencontre avec soi-même

Voici ce que me disait Graf Dürckheim en juillet 1969 :

Si je regarde une feuille tombée d'un arbre, je vais aussitôt distinguer deux aspects : la forme et la couleur. On peut alors s'entretenir soit sur la forme, soit sur la couleur. On peut ainsi arriver à un certain résultat : c'est cette forme-là, c'est cette couleur-là ! Mais si on se demande quelle est la relation entre la couleur et la forme, et comment elles sont reliées, on ne voit plus la feuille en soi.

C'est ce qui nous est arrivé dans notre vision de l'homme. On ne peut pas regarder l'homme sans distinguer ce qui est extérieur et ce qui est intérieur. D'un côté on parle du corps, et de l'autre on parle de l'esprit.

L'homme s'identifie à sa conscience cognitive, mentale ; en même temps, il reconnaît aussi une conscience corporelle, sensorielle. En faire deux réalités différentes, une réalité extérieure et une réalité intérieure, correspond à la vision des sciences. Pour l'homme des sciences, le corps est une réalité séparable de l'âme, de la psyché. Mais si vous êtes intéressé à la réalité de la personne, vous devez rester dans la réalité de la rencontre. *Telles que vous rencontrez les choses, elles ont leur réalité. Chaque chose a la réalité qu'elle signifie pour vous dans la rencontre. Par contre, pour arriver à la réalité vis-à-vis de laquelle vous êtes engagé en tant qu'homme des sciences, vous devez éliminer toutes les qualités qui apparaissent dans la rencontre.*

L'opposition, la séparation entre corps et âme, est le résultat de l'observation d'un cadavre. En observant le cadavre il faut bien, pour arriver à l'homme vivant, souffler une âme ! Et voilà le point de vue dualiste.

Mais si vous accompagnez quelqu'un sur un chemin spirituel vous avez à faire avec la personne. La réalité qui compte sur le chemin spirituel, c'est la réalité qui compte pour l'homme ; et pas la réalité qui reste quand on élimine l'homme.

Le *zazen*, exercice spirituel, ne se pratique pas afin de parvenir à une transformation de soi-même ; un soi-même autre, que nous pourrions construire à coups d'exercices. Le zazen est la *rencontre* avec soi-même.

Nous devons être attentif de ne pas tomber dans un piège : le désir d'une transformation. Désir d'autant plus dangereux qu'il s'appuie sur une idée, une conception de l'homme, un idéal. Un homme devrait être « comme ça » ! Et je vais pratiquer afin d'être « comme ça ». C'est la meilleure façon pour ne jamais être soi-même.

La pratique du zazen est observation neutre de ce qui est, de ce que je rencontre réellement à l'instant. Zazen, ce n'est pas passer son temps à vouloir que ce qui se présente n'arrive pas et à vouloir que ce qui n'arrive pas se présente.

Dans ses *leçons,* Graf Dürckheim ne visait pas à transformer quelqu'un.

Sa seule visée était : « *Deviens qui tu es* ! »

Mais qui suis-je ? « *Je n'en sais rien, mais deviens-le !* »

Pas d'idéal ! Vouloir atteindre la perfection est une erreur que ne doit pas commettre la personne qui est en chemin. Le zazen, exercice spirituel, est la *rencontre* avec notre vérité du moment. Ce qui engage chacun à l'humilité.

Hara !

Le livre de Graf Dürckheim, *Hara, Centre vital de l'homme*, est sans cesse réédité depuis sa parution en 1954 (pour l'édition en langue française). Cet ouvrage est un cadeau pour l'homme occidental qui a perdu le contact avec ce que l'Extrême-Orient considère comme étant le centre originel et même la racine *spirituelle* de l'être humain.

Voilà une différence considérable dans la conception de la spiritualité. En Occident, l'homme est qualifié comme étant spirituel parce que, à la différence de l'animal, il est capable d'établir des concepts. Ce qui lui permet de se faire des *représentations* du réel.

Le danger est de confondre le réel et la représentation qu'on s'en fait ; le concept « chien » n'aboie pas et ne mord pas.

À une autre étape de la maturité humaine, on qualifiera comme étant spirituel l'homme qui s'intéresse aux valeurs pédagogiques, éthiques et esthétiques. Est spirituel l'homme qui s'intéresse à l'histoire, à la musique classique, aux avancées de la science, à la philosophie. Un jugement aussi brutal que l'a été la guillotine consiste à dire de quelqu'un : « Vous connaissez untel ? C'est curieux, il n'est pas spirituel du tout » !

Enfin, est qualifié comme étant spirituel l'homme qui a un rapport à une transcendance, une quête d'au-delà, un intérêt pour le sacré ou adhère à une confession. En résumé, la vie spirituelle a à faire avec le divin, l'absolu.

Comment comprendre que l'Extrême-Orient considère le Hara comme étant le centre originel et même la racine spirituelle de l'être humain ? C'est d'autant plus incompréhensible que ces deux idéogrammes sont traduits par le mot… ventre. M'intéressant au Hara depuis bientôt quarante ans, je préfère dire que Hara, c'est l'homme entier pris au sérieux dans son *être de nature.*

Ce que le Japon appelle Hara ouvre sur une sagesse qui est au-delà des particularités géographiques, culturelles et traditionnelles. Qu'il soit japonais, chinois, français, togolais ou belge, l'homme *respire* parce qu'il est, dès l'origine, un *être de nature*. Hara est un effet naturel de notre être de nature.

Hara est une manière d'être et une *qualité d'être* de l'homme entier. Lorsqu'il est encore centré en son *être de nature,* l'être humain témoigne de son état de santé fondamental : la paix du corps, la paix du cœur et la paix de l'esprit. S'il perd contact avec son état de santé fondamental et ressent agitation, méfiance, inquiétude, il peut alors s'exercer afin de se recentrer.

Intuitivement, l'homme qui observe son propre fonctionnement différencie trois lieux significatifs : le bassin, le cœur, la tête.

Le *bassin,* la région du ventre et du bas-ventre, base naturelle de l'homme, centre de la vie instinctive et intuitive.

La région du *cœur,* la poitrine, considérée comme étant le centre de la vie affective, émotionnelle.

La *tête,* siège de la pensée, de l'activité conceptuelle et rationnelle.

En fonction de leurs traditions et de leurs cultures, en fonction de l'époque, les sociétés humaines ont mis l'accent sur un centre plutôt que sur un autre.

Aujourd'hui, faut-il le dire ?, c'est *le centre tête* qui règne sur l'ensemble des secteurs de l'activité humaine. Lorsque s'annonce une crise financière, les « traders » se prennent la *tête* à deux mains !

L'hégémonie de la fonction intellectuelle, souvent au détriment d'un sain fonctionnement instinctif et intuitif, est la cause d'un déséquilibre. L'homme est intelligent ; néanmoins il a perdu contact avec *l'intelligence qui est avant l'intellect.* Intelligence qui n'est pas quelque chose mais cet ensemble d'actions qui donne forme à son être de nature.

Sans enracinement dans le Hara, la vie affective se transforme en turbulence émotionnelle. Bon nombre de maladies psychosomatiques, de troubles neurovégétatifs et de désagréments physiques ont leur source dans l'ignorance ou le refus du centre vital.

Dernièrement, je lisais un compte rendu médical inquiétant : plus de 75 % des Français souffrent du dos. Au bout de quarante années de pratique et d'enseignement du Hara, j'observe qu'un grand nombre de dorsalgies et de lombalgies ont pour cause un processus de décentration. Le centre de gravité étant déplacé, l'homme, comme une roue décentrée, ne tourne plus rond. Les différents groupes musculaires qui permettent et engagent notre activité quotidienne ne fonctionnent plus dans l'ordre naturel. Ce qui a pour effet un ensemble de crispations qui ne peut aboutir qu'à un dos douloureux. Un constat qui me touche d'autant plus que pendant mes études de kinésithérapie je n'ai eu aucune leçon en ce sens.

L'exercice du Hara nous invite à descendre jusqu'au fond de nos origines. Hara est le réservoir de nos forces naturelles. Lorsqu'il est ouvert aux forces les plus profondes de l'être, l'homme est naturellement stable. Il retrouve un équilibre physique et, en même temps, un équilibre intérieur ; il n'est plus aussi facilement emporté par les émotions ou par les idées noires.

L'homme qui est enraciné dans le Hara retrouve la spontanéité dans l'action. La spontanéité ne consiste pas à faire n'importe quoi. Ce qui fascine, lorsqu'on voit un maître dans l'art du sabre (Kendo) ou un maître d'Aikido en action, c'est l'adéquation de son action à la réalité des faits et gestes de ses adversaires. L'action de l'homme qui est centré dans le Hara est efficace parce qu'elle engage l'ensemble de ses potentialités dans l'instantanéité. Quelle que soit mon action, si je ne suis pas centré dans le Hara je suis engagé seulement en partie et dans un rapport au temps qui me réfère à… après ! Dans un combat au sabre, se situer mentalement dans « après » conduit à la mort immédiate.

Lorsque je vivais en Allemagne, je me lamentais, après une rude journée de travail, de ressentir une grande fatigue. Graf Dürckheim me dit : « *Si vous ressentez une telle fatigue après huit heures de travail, c'est que vous n'êtes pas dans le Hara. En vous appuyant sur les seules forces de l'ego vous êtes coupé des forces de l'être.* »

Pratique de l'expérience spirituelle

Spirituel ! Ce mot concerne la vie de l'esprit.

C'est un fait universel. L'homme, conscient de lui-même et conscient du monde des objets cherche, depuis toujours, à établir un lien avec une transcendance.

Une transcendance : ce qui est au-delà du connu, l'*inconnu* ; ce qui est au-delà du visible, *l'invisible.*

En Occident, l'au-delà du connu et du visible est le domaine de la foi et le domaine de la science.

La foi s'appuie sur une *révélation supranaturelle* et invite à l'adhésion au *credo.*

La science s'appuie sur *l'expérience naturelle* et la soumet à la *raison.*

En Orient et en Extrême-Orient, nous observons une approche différente pour répondre à ce qui est une quête de sens.

Il s'agit d'une voie spirituelle qui a pour but *l'expérience* révélatrice ou la *révélation* expérimentale d'une réalité *immanente* que l'homme est dans la profondeur de son être.

L'idée d'une expérience révélatrice est-elle conforme à la tradition spirituelle occidentale ?

L'homme occidental est autorisé à se poser une question : « Existe-t-il des expériences personnelles qui donnent assise, sens et orientation à la vie, en dehors des propositions dogmatiques figées, des concepts et des images de croyance de la religion transmise ? Existe-t-il des expériences subjectives qui, sans passer par les moyens de la pensée analytique, du raisonnement, donnent sens à la vie humaine ? »

La réponse est oui. Mais cela ne peut se faire que moyennant une culture de l'expérience intérieure qui est banale en Orient et encore bien étrange en Occident.

L'expérience intérieure est le fait d'éprouver une qualité d'être ou de s'éprouver dans une qualité d'être particulière. C'est une expérience de l'*être-soi* et de l'*être-là.*

L'expérience spirituelle n'est pas l'expérience de quelque chose qui, au préalable, aurait pu être conceptualisé. C'est un *éveil* à un niveau d'être autre que celui de l'ego dans lequel je vis ordinairement.

L'expérience intérieure est l'*éveil* à une autre façon de voir. L'éveil ne consiste pas à voir quelque chose que je n'aurais jamais encore vu. D'autant moins qu'un homme ne verra jamais autre chose que ce qu'un homme peut voir ; n'entendra jamais autre chose que ce qu'un homme peut entendre ; ne sentira jamais autre chose que ce qu'un homme peut sentir.

L'éveil, expérience spirituelle, c'est voir autrement ce qu'on a toujours vu.

Le zen avoue un but : la paix intérieure.

Celui qui attend de voir l'invisible pour connaître la paix intérieure risque d'attendre longtemps ! Celui qui attend que l'inconnu soit transféré dans le connu pour connaître la paix intérieure risque d'attendre longtemps encore.

À celles et ceux qui sont tentés par l'expérience intérieure, par l'expérience spirituelle (peu importent les mots puisqu'il s'agit d'une expérience), je propose de porter leur attention non pas sur l'invisible ou l'inconnu mais sur l'*infaisable.*

L'*infaisable* transcende ce que « moi » je peux faire. L'infaisable n'est pas du ressort du « moi ».

L'infaisable ? Un vieux moine zen, sortant de l'exercice du zazen, la pratique méditative sans objet, s'écrie : « *quel miracle, quel mystère… je respire !* »

Ce vieil homme ne voit pas autre chose que ce qu'il a toujours vu : l'acte de respirer. Mais voilà que, tout à coup, il perçoit que cette action a sa source à un niveau d'être qui n'est pas l'ego : son être de nature, *sa* nature essentielle.

Voir, autrement, ce qu'on a toujours vu est rarement un don. Lorsqu'on est dépourvu d'un don, par exemple pour jouer d'un instrument de musique, on peut s'exercer. Sur le chemin spirituel nous est proposé l'exercice spirituel.

L'exercice spirituel !

La culture de l'expérience intérieure consiste à *habiter sa propre vie*. C'est pourquoi la personne qui s'exerce à la pratique méditative sans objet est invitée à exercer l'attention sur ce qu'elle sent et ressent.

En me glissant dans le *sentir,* en ce moment pour ce moment, je me libère du règne de la pensée. Ce que je *vois*, ce que *j'entends*, ce que je *sens* n'est plus filtré par la conscience objectivante, la conscience ordinaire, qui transfère tout ce qu'elle capte dans les concepts.

L'exercice de la méditation sans objet ouvre sur une expérience importante : l'expérience que tout ce que l'homme rencontre, il le rencontre à travers les *sens.*

Le nouveau-né n'aborde pas la vie, le monde, en ayant à sa disposition la pensée discursive ou le credo.

La pratique régulière de la méditation sans objet est la chance de retrouver l'innocence édénique dans laquelle chacun de nous commence sa propre existence. Une existence dans laquelle il n'y a pas encore d'opposition aussi bien avec l'absolu qu'avec le relatif.

« Si l'individu ne change pas, le monde ne changera pas ! »

(C.G. Jung)

Dans l'une de ses conférences à Mirmande, André Comte-Sponville qualifiait cette phrase reprise par le milieu « spi » de *tarte à la crème* ! Et il ajoutait : « *Heureusement qu'on n'a pas attendu que l'homme change pour créer la Sécurité sociale et construire des hôpitaux.* »

Quelques heures après sa conférence, je conduisais André à la gare de Valence. Voilà qu'un Rambo du volant, en franchissant la ligne blanche, nous dépasse à toute allure. Je profite de l'occasion pour dire à mon ami philosophe : « *Tu as raison, heureusement qu'on n'a pas attendu que tous les chauffards respectent les limitations de vitesse pour construire des hôpitaux. Et, à cause de ce gangster, il va falloir, sans tarder, construire un second hôpital à côté du premier. Ce qui va encore augmenter le déficit de la Sécurité sociale.* »

Si la personne individuelle ne change pas, le monde ne changera pas.

André a raison ! Jung aussi !

Lorsque je suis à l'Hôpital Sud de Lyon pour passer un moment auprès d'un ami accidenté, je me sens en parfait accord avec ce que dit André.

Quand j'entends l'ambulance ou l'hélicoptère qui conduit aux urgences un accidenté de la route, je ne doute pas de la vérité proférée par Jung.

Les causes des accidents de la route sont connues : la vitesse, l'alcool, la drogue, l'inattention, une conduite non maîtrisée. Causes auxquelles il faut ajouter deux névroses caractéristiques de notre temps : gagner du temps sur le temps et vivre le portable collé à l'oreille !

Mais quelle est la cause de ces causes multiples ?

Quelle est la cause *première* d'une vitesse limitée non respectée ? Ce n'est pas la voiture, ce n'est pas le tracé de la route nationale. Ce n'est pas l'autoroute A7. Au volant de ce véhicule il y a une femme, un homme, une *personne individuelle* !

Quelle est la cause *première* du taux d'alcoolémie ? Ce n'est pas la publicité, ce n'est pas l'alcool. C'est la *personne individuelle* qui approche le verre de ses lèvres !

Il faut prendre des mesures répressives et punir « *les automobilistes* », n'est-ce pas ? Si la solution est dans l'ordonnance de mesures répressives, alors, à côté du second hôpital, il faut sans tarder construire une prison.

« Les » automobilistes !

« *Les éléphants, ça n'existe pas ; il y a chaque fois un éléphant* », note encore Jung.

Lorsque je fais le trajet de Mirmande à Lyon, je passe sur le pont qui était en rénovation lorsqu'un chauffard a tué quatre pompiers en service.

Cet horrible accident pose la question de la responsabilité individuelle et de notre implication personnelle dans toutes les situations de l'existence. La vitesse, à cet endroit, est limitée à 90 km/heure. En conséquence, je roule à 90 km./heure. Pourquoi ? Vous avez peur des contrôles radars ? Non. Il n'est rien de pire que de conduire sous le règne de la peur. Je roule à 90 km/heure parce qu'il est indiqué que c'est, à cet endroit, la vitesse limite.

Mon pauvre monsieur, vous êtes embastillé dans les règlements ! Vous devez être prisonnier d'un carcan moraliste !

Je ne me sens prisonnier de rien. Je conduis, librement, à la vitesse indiquée.

Comment peut-on conduire librement, aussi lentement, sur l'autoroute A7 ?

Peut-être parce que je ne suis plus, comme je l'ai été, prisonnier de mon propre *ego ?*

L'intuition de Jung et le raisonnement d'André paraissent, à première vue, exclusifs. Ils me semblent, au contraire, inclusifs.

Je ne suis pas candide. Je souscris à la construction d'hôpitaux. Mais je serais d'avis d'affecter, dans chaque hôpital, une salle où les patients qui le désirent pourraient apprendre la méditation afin d'observer le fonctionnement de leur propre ego.

Je ne suis pas ingénu. Je sais que sur le chemin de la maturation individuelle, il ne faut pas espérer des effets immédiats. Je peux comprendre que la pratique méditative semble, en apparence, sans résultat à l'échelle sociale.

Je comprends que la possibilité de voir des résultats d'une pratique individuelle sur le collectif humain semble perdue dans un lointain inaccessible. En même temps, il est à la portée de chacun de faire un travail sur soi afin ne plus vivre sous le règne de l'ego. Parce qu'une société n'est jamais que l'addition des individus qui la composent, il est vrai que là où je suis, dans ce que je fais à l'instant (par exemple conduire ma voiture), si je ne change pas ma manière d'être, rien ne changera.

L'être essentiel, qu'est-ce que c'est ?

Au cours de notre première rencontre, en 1967, Graf Dürckheim a résumé en deux phrases le sens de la Voie spirituelle qu'il a tracée à son retour du Japon : « *M'intéresse l'être humain dans sa profondeur, dans ce que j'appelle son être essentiel. L'homme est appelé à découvrir, en lui-même, cet être essentiel qui transparaît dans certaines expériences.* »

Quelques années plus tard, je disais à Graf Dürckheim que je me sentais mal à l'aise lorsque je prononçais les mots l'*être essentiel.* Parce que parler de *l'être essentiel,* c'est opposer quelqu'un : moi, à quelque chose : l'être essentiel. Opposition qui donne aussitôt naissance à un concept à travers lequel je me représente cette éventuelle réalité.

« *Vous avez raison. Dans la langue française, il serait peut-être préférable de parler de notre* être essentiellement là ! *L'être n'est pas quelque chose, un objet. L'être, c'est le verbe être. L'être est action. Le concept* être, *se situe à la pointe de la pyramide des concepts. C'est un objet de la pensée qui occupe tous les philosophes. Mais être, l'acte d'être, est la base, le fondement de tout ce qui est. Être est avant les concepts, avant la conceptualisation. Ce que j'appelle l'être essentiel est le fondement de tout être humain. C'est notre nature essentielle qui est avant le moi, avant les concepts.* »

J'invite celles et ceux qui lisent les ouvrages de Graf Dürckheim de substituer à l'expression : *l'être essentiel,* l'expression : *être essentiellement là.* C'est se donner la chance de considérer avec attention la possibilité d'une *expérience* vécue en tant que sujet, plutôt que de rester pensif vis-à-vis d'un objet de la pensée.

Se faire des *représentations* du réel fait partie de nos habitudes mentales.

Je prendrai comme exemple : l'espace et le temps.

Je me représente, je me pense, comme étant un moi qui vit dans l'espace.

L'espace ? Oui, je vis en France, je vis en Europe. Je me pense comme vivant sur terre, au cœur du système solaire, d'une galaxie ! C'est l'espace infini qui fascine et qui, en même temps, angoisse.

Les représentations faussent le réel. Je ne vis pas *réellement* dans l'espace, mais dans *l'espace vécu*.

Je vis *ici* ! Ici, c'est le bureau de 15 m^2 où je suis en ce moment en train d'écrire... é c r i r e !

Le temps ? De la même manière, je conceptualise une représentation du temps. Je pense vivre dans un cadre horaire précisé par une montre, une journée déterminée par le calendrier, une année, un siècle, un nouveau millénaire ! C'est le temps pensé, fascinant et, en même temps, angoissant.

Le temps pensé est une représentation qui fausse le réel. Parce que je ne vis pas *réellement* dans le temps mais dans le *temps vécu*. Je vis *maintenant*, en ce moment au cours duquel je suis en train d'écrire... m a i n t e n a n t !

Disposer d'une montre est avantageux parce que, dans *une heure*, je commence un cours au Centre. Disposer d'un calendrier est précieux parce que le mois prochain j'aurai une conférence à Paris. Il n'empêche que nos représentations du temps et de l'espace nous coupent du réel. Je vis ici et en ce moment. Rien de plus vrai. Rien de plus concret. Et, à moins que la maison prenne feu, c'est très apaisant.

Cependant, conditionnés et identifiés à nos habitudes mentales, vivre ici et maintenant est joliment difficile. Parce que c'est difficile, j'accepte la discipline de *l'exercice* quotidien.

C'est pourquoi, ce matin, j'ai renouvelé la pratique de la méditation sans objet.

Comme il arrive souvent, j'ai commencé l'exercice en observant que j'étais prisonnier des habitudes mentales. À peine assis je pensais à hier, à demain, à ailleurs. J'étais, mentalement, entraîné dans l'espace et le temps. J'ai pu observer les réactions physiques et affectives qui accompagnent la fuite du réel. Il est curieux de sentir se développer un *souci*, une *appréhension, une inquiétude* lorsqu'on pense à un événement qui a été ou à un événement qui sera, peut-être. La puissance des représentations mentales est telle qu'elles peuvent conduire à l'insomnie ou à la dépression.

En m'appliquant, en me concentrant sur l'acte d'expirer qui est et ne peut-être qu'en ce moment lorsque j'expire, et sur l'acte d'inspirer qui est et ne peut être qu'en ce moment lorsque j'inspire, j'ai pu abandonner ces représentations mentales qui font courir dans un passé qui *n'est plus* ou dans un futur qui *n'est pas encore.*

Sentir l'expir ! Sentir l'inspir !

Une sensation est *actuelle* ; une sensation ne peut être qu'actuelle. En me glissant dans le sentir, j'habite l'espace *vécu* et le temps *vécu.* Par contre, dès que la pensée autonome s'active je déménage, dans l'espace et dans le temps.

Suis-je né pour penser et rêver ma vie ? Ou suis-je né pour vivre le moment présent ?

Des systèmes religieux invitent l'homme à se préparer à une autre vie.

La Voie spirituelle tracée par Graf Dürckheim à son retour du Japon ne vous invite pas à vous préparer à une autre vie ; la vie spirituelle, c'est ne pas oublier que, en ce moment, j'existe !

Le Tao de l'action

Tao (*do* au Japon) signifie : *le fonctionnement des choses.*

Do, c'est aussi le chemin à suivre pour se mettre en accord, en résonance, avec le fonctionnement des choses.

À l'occasion de leur première rencontre, Kenran Umeji Roshi disait à Graf Dürckheim :

« *Plus vous ferez un exercice à fond, plus nombreux seront les secteurs de votre vie fécondés par cette profondeur.* »

Pour notre esprit occidental, une voie spirituelle qui engage l'homme dans la pratique d'un exercice physique est inhabituelle et peut même paraître saugrenue. Au Japon, les différentes pratiques artisanales, artistiques et martiales qui sont associées à l'idéogramme *do* sont estimées, parce qu'elles ont à faire avec la vie spirituelle.

Depuis une cinquantaine d'années, bon nombre de ces exercices ont trouvé place en Occident : le Judo (la Voie de la souplesse), l'Aïkido (la Voie de l'adualité), le Kendo (la Voie de l'épée), le Chado (la Voie du thé), le Zado (la Voie de l'assise appelée zazen), etc.

Sur ces Voies spirituelles, il y a des étapes à franchir.

La personne qui s'engage sur le chemin doit commencer par *apprendre* une technique. La technique une fois apprise, il s'agit de *bien faire* ce qu'on a appris. Vous arrivez à bien faire l'exercice ? Commence alors une autre étape, au cours de laquelle il vous faudra *maîtriser* ce que vous faites bien. Ensuite vous serez invité à *maîtriser parfaitement* la technique que vous maîtrisez. Ensuite, et pour le temps qui vous reste à vivre, la pratique consiste à *parfaire ce que vous maîtrisez parfaitement.*

Le point de départ, lorsqu'on apprend un exercice, est la dualité *sujet* (moi)-*objet* (la technique). À la condition de répéter inlassablement le même exercice, on prépare les conditions qui permettent et favorisent une expérience fondamentale sur la Voie : l'*union* sujet-objet. C'est l'expérience de la non-dualité qui ouvre sur l'expérience de l'unité.

Pour l'homme en chemin, le but de la pratique n'est donc pas une performance qui serait récompensée par un diplôme ou une médaille d'or. Le sens de la pratique, c'est *l'homme lui-même,* sa propre maturation intérieure.

L'action qui pas à pas conduit à la maîtrise est souvent mal comprise. L'exercice n'est pas la construction d'une action parfaite. La maîtrise de la technique est le fruit du glissement d'un niveau d'être, l'ego, à un autre niveau d'être, notre nature essentielle.

L'exercice, la technique, est donc tout d'abord un moyen pour passer d'un niveau d'action à un autre niveau d'action.

Le maître du tir à l'arc dit à son disciple : « *Ne tirez pas. Laissez* Cela *tirer !* »

Que faut-il faire pour que « Cela » tire ? Et qu'est-ce que « Cela » qui devrait tirer ?

« Ne tirez pas » peut être compris comme une invitation à ne plus engager l'action en s'appuyant sur l'ego. Lorsque vous tirez en vous appuyant sur l'ego, le maître de l'art vous dit : « *Votre tir est impur* » !

Qu'est-ce qui rend un tir impur ?

C'est, par exemple, de pratiquer en étant tendu, crispé ! C'est d'engager l'action en étant animé par le désir de réussir à tout prix ou par la crainte d'échouer. C'est engager l'action en étant mû par l'ambition. C'est pratiquer avec la peur d'être jugé. C'est laisser poindre le moindre mouvement d'humeur parce que l'action ne s'est pas réalisée comme « moi » je veux.

Le passage de l'apprentissage de la technique à la maîtrise de la technique représente donc un sérieux travail d'identification des réactions du « moi ». Chaque tir est l'occasion de lâcher prise du « moi ». C'est la découverte qu'un exercice « corporel » est un travail sérieux et minutieux sur l'âme.

Jour après jour, de mois en mois, le disciple sur la Voie apprend à maîtriser l'art d'accueillir en soi une action d'un autre niveau que celles engagées par le « moi » ; une action qui n'est plus un effet fabriqué par le moi mais une action qui est un effet naturel de l'être.

« Cela tire » lorsque l'action se fait dans la liberté de l'être.

« *Le Tao agit en soi par le moyen du tir à l'arc* », dit encore Umeji Roshi.

Si votre exercice est la pratique méditative sans objet, les étapes sont les mêmes : apprendre la technique… bien faire ce qu'on a appris… maîtriser ce qu'on fait bien… maîtriser parfaitement ce qu'on maîtrise.

Jusqu'à ce moment où vous faites l'expérience que « Cela » respire ! L'acte de respirer qui n'est pas un effet fabriqué par le moi ; l'acte de respirer, un geste qui a sa source dans notre propre essence.

La culture du silence

Une participante, suite à une session, m'adressa le texte suivant : « *Le silence est l'équilibre absolu du corps, de l'esprit et de l'âme. L'homme qui préserve l'unité de son être reste à jamais calme et inébranlable devant les tempêtes de l'existence – pas une feuille qui bouge sur l'arbre, pas une ride à la surface étincelante du lac ; voilà, aux yeux du sage illettré, l'attitude idéale et la meilleure conduite de vie.*

« *Si vous lui demandez : "Qu'est-ce que le silence ?", il répondra : "C'est le Grand Mystère ! Le silence sacré est Sa voix !"*

« *Si vous lui demandez : "Quels sont les fruits du silence ?", il dira : "C'est la maîtrise de soi, le courage vrai ou l'endurance, la patience, la dignité et le respect. Le silence est la pierre d'angle du caractère."* »

Ohiyesa, écrivain amérindien contemporain.

Ce texte aurait pu être signé par un maître de la philosophie antique ou par un maître zen. Peu importe. Ce qui compte, c'est de tendre soi-même vers cet équilibre absolu du corps, de l'esprit et de l'âme.

Au Centre Dürckheim, nous concrétisons ce désir légitime en nous engageant sur la Voie de l'action. Accessible à tous, la Voie de l'action débute par les exercices les plus simples.

Ainsi, l'accès au silence intérieur commence par l'exercice de l'immobilité du corps, du corps qu'on *est*.

Lorsqu'il commence la pratique de l'immobilité, le débutant peut être pris par le doute. Il est vrai que lorsqu'on commence la pratique, immobilité et silence sont rarement synonymes. La perplexité du débutant est d'autant plus grande que lorsqu'il fait ses premiers pas dans la pratique du zazen il peut se sentir envahi par une agitation compulsive. Ce qui le conduit à penser : « *Cet exercice n'est pas bon pour moi ; je cherche le calme et je ne me suis jamais senti aussi agité intérieurement !* »

L'accès au silence ne va pas de soi ; c'est une bonne raison pour s'exercer chaque jour.

S'exercer !

N'est-ce pas ce que nous faisons lorsque nous apprenons la musique ? Afin de maîtriser un instrument, le violoncelle ou le piano, il faut de la patience et de la persévérance. Il en est de l'art de vivre comme de toute pratique artistique ou artisanale. Le pratiquant qui persévère dans la pratique de l'immobilité observe que, petit à petit ou subitement, le tumulte intérieur s'évanouit. Comment expliquer que l'exercice du « rien faire » puisse opérer une telle transformation de notre vie intérieure ?

L'immobilité absolue témoigne de la non-intervention du moi. En exerçant l'immobilité, j'exerce le lâcher-prise des processus qui nourrissent la fabrication constante de l'ego. Lorsque l'ego s'efface, les turbulences mentales habituelles s'atténuent et peuvent laisser place au silence intérieur.

L'immobilité absolue ouvre sur un niveau d'être autre que le niveau de l'ego. Un niveau d'être où règne la paix intérieure, le grand calme.

Une autre voie d'accès au silence intérieur et au grand calme est *l'exercice de la respiration*.

L'attention à la respiration et l'immobilité du corps sont inséparables dans la pratique méditative sans objet.

Ici encore, le débutant ne doit pas se décourager parce qu'il trouve difficile de rester attentif à l'acte de respirer. L'exercice ne consiste pas à réprimer avec violence les distractions. Dans ce combat, la distraction gagne toujours. C'est en observant la distraction, sans jugement, sans analyse et sans commentaire, qu'on en perd l'habitude.

L'attention ne peut pas être construite à coups d'exercices. Par contre l'attention, fondation de notre esprit humain, peut être découverte de ce qui ordinairement la couvre.

Lorsque, grâce à l'exercice de l'attention, je coïncide avec l'acte de respirer, il m'arrive de faire l'expérience d'*un silence qui respire.* Moment au cours duquel les pensées, les rêveries, la conceptualisation, le besoin de savoir, le besoin de comprendre sont mis entre parenthèse.

Dans la pratique de l'immobilité, l'acte d'expirer « est » détente et l'acte d'inspirer « est » ouverture. Il ne s'agit pas de détendre les épaules ou les mâchoires en expirant. Il s'agit, en tant que personne, de se détendre dans les épaules, de se détendre dans les mâchoires. C'est la personne entière qui est tendue dans les épaules. C'est la personne entière qui *se* détend. Là où il y a détente il y a un silence particulier. Un silence qui n'est pas l'absence des bruits ; ni des bruits extérieurs, ni des bruits intérieurs. Le silence dont il est ici question est un état d'être que plus aucun bruit ne dérange.

Face à l'inacceptable

Dans la plupart de ses livres, Graf Dürckheim évoque la confrontation avec les trois inacceptables : la mort, l'absurde et l'isolement.

Il y a quelques années, j'ai ressenti la mort de Christina comme étant l'événement le plus intime et le plus mystérieux que j'ai vécu. Je peux dire la même chose de la naissance de mes enfants. Avec cependant une différence importante : la naissance est tissée d'avenir ; la mort est érigée sur le passé.

Le souvenir ! Il suffit d'une photo sur laquelle je pose mon regard quelques jours après le décès. Aussitôt elle semble redonner vie au passé et une joie profonde déborde de ma poitrine. Jusqu'au moment où « se souvenir » devient désir. À l'instant même la joie devient souffrance. Pourquoi ? Parce que, *moi,* je désire ce qui n'est plus ; *moi* je refuse ce qui est. La bascule dans la tristesse ou dans la colère est alors immédiate.

Cependant il m'est arrivé, au bord de cette plongée dans la réaction émotionnelle, de faire une expérience inattendue : l'expérience du lâcher-prise du désir et du refus. L'expérience du lâcher-prise de *moi-je-veux / moi-je-ne-veux-pas.* À l'instant même, la réaction émotionnelle laisse place à un sentiment de reconnaissance et de gratitude. « Quelle chance de s'être un jour rencontrés ! Quelle chance d'avoir pu vivre toutes ces années ensemble ! »

Je ne doute pas que l'exercice du lâcher-prise, matière première de la pratique méditative que j'exerce depuis tant d'années, est ce qui m'a permis de ne pas rester prisonnier « *des illusions du moi qui causent notre peine* » (comme le dit le maître zen Hakuin dans un texte notoire).

Graf Dürckheim me disait à la fin de sa vie : « *Sur le chemin, il est très certainement important d'être accompagné par un maître. Mais tout aussi important et avantageux est d'avoir un ami sur le chemin.* »

Au début de cette période de deuil, j'ai eu la chance de pouvoir « me dire » à Arnaud Desjardins. Il est bon d'être accueilli et entendu lorsqu'on est confronté à l'inacceptable. Cependant, il faut savoir que la compassion d'un maître spirituel ne consiste pas à homologuer vos plaintes !

Au cours de notre entretien, je dis à Arnaud : « *Mon passé avec Christina est magnifique et inoubliable...* ». Arnaud me coupe la parole et d'une voix forte il dit : « *Jacques ! Étant en chemin tu ne peux plus dire :* mon *passé. Tu peux dire :* j'ai eu *un passé merveilleux avec Christina.* »

À l'instant même, je passai d'une période du deuil à une autre.

J'ai eu un passé ! Quelle puissance que celle de l'ego qui à travers notre façon habituelle de s'exprimer dénonce l'*attachement* : mon passé ! *Mon* devient mien ! Mien devient Moi !

Et voilà que la parole de l'Ami spirituel suscite un regard différent : le *non*-attachement.

Dans une grande clarté, je voyais que ni l'attachement ni le refus ne pouvaient être la solution de cette séparation douloureuse.

Lâcher prise ? C'est accepter ce qui est ; ce qui est réellement.

En quoi consiste le travail de deuil ?

Il doit y avoir des réponses bien différentes à cette question.

Une réponse me semble devoir être donnée à toutes les personnes confrontées à l'inacceptable : un deuil doit être *actif.*

Il n'est pas bon de vivre passivement cette expérience douloureuse. La passivité, nourrie par la plainte, est le chemin direct vers la dépression.

Qu'est-ce qu'un deuil actif ?

Je ne peux qu'indiquer ce que j'ai moi-même accompli. Sans mérite. Parce j'avais l'impression que j'étais face à un devoir aussi incontournable que celui de pratiquer la méditation chaque matin.

Au lendemain des obsèques, j'ai écrit chaque jour quelques mots, quelques phrases ou quelques pages qui rassemblaient tout ce que je sentais (sensation), tout ce que je ressentais (émotions, sentiment) et tout ce qui encombrait le mental : les pensées autonomes et incessantes de toutes les couleurs (regrets, jugements, rêveries, phantasmes). Il m'est arrivé pendant plusieurs jours d'écrire toujours les mêmes choses. Ces mêmes choses qui, si on ne prend pas le temps de les poser devant soi quotidiennement, deviennent une manière de voir, une manière de penser, une manière d'être.

Ce travail d'écriture m'a vraiment aidé à accepter l'inacceptable sans rien refouler ni réprimer.

Un deuil passif, c'est prendre le risque de *s'identifier* à la tristesse, au ressentiment, à l'amertume.

Un deuil actif évite le danger de s'enfermer dans la prison du passé. Il ouvre sur l'avenir qui n'est, en réalité, rien d'autre que le moment présent.

Sur le chemin, tout commence avec une expérience mystique
(Karlfried Graf Dürckheim)

Expérience mystique ! Quand il s'agit d'une expérience personnelle, l'expression peut faire peur. Pas à tout le monde. Pour preuve ce qu'André Comte-Sponville a bien voulu nous dire de sa propre expérience à l'occasion du vingtième anniversaire du Centre, le 16 juin 2001.

En voici la transcription [1] :

Je ne suis pas du tout un mystique. Je suis plus doué pour la pensée que pour la vie, et plus doué pour la pensée conceptuelle que pour l'expérience spirituelle. Mais j'ai eu au moins quelques moments de simplicité ; en vérité, extrêmement rares. Cependant, la première expérience était assez forte et assez nette pour qu'au fond toute ma vie en soit définitivement changée. Toute ma vie et toute ma pensée.

Je devais avoir vingt-cinq ans. Je me promenais avec des amis, la nuit, dans une forêt. Nous étions quatre ou cinq. Plus personne ne parlait. Tout à coup voilà une expérience que je n'avais jamais vécue.

C'était quoi cette expérience ? C'était un certain nombre de mise entre parenthèses.

Mise entre parenthèses du temps ; c'est ce que j'appelle l'éternité. Tout à coup il n'y avait plus le passé, le présent,

1. André Comte-Sponville développe cette expérience dans son livre : *L'Esprit de l'athéisme,* Albin MIchel, 2006.

l'avenir. Il n'y avait plus que le présent. Là où il n'y a plus que le présent ce n'est plus du temps, c'est de l'éternité.

Mise entre parenthèses du manque. Tout d'un coup, et sans doute pour la première fois de ma vie, plus rien ne manquait. Mise entre parenthèses du manque ; c'est ce que j'appelle la plénitude.

Mise entre parenthèses du langage, de la raison, du logos ; c'est ce que j'ai appelé le silence. Pour la première fois peut-être de ma vie, je n'étais pas séparé du réel par des mots. J'étais de plain-pied dans le réel.

Mise entre parenthèses de la dualité. À la fois de la dualité entre moi et tout le reste ; c'est ce que j'appelle l'unité. J'étais un avec, un avec tout.

Mise entre parenthèses aussi de la dualité entre moi et moi, entre la conscience et l'ego. Je n'étais qu'une pure conscience sans ego ; c'est ce que j'appelle la simplicité.

Mise entre parenthèses de l'espérance et de la peur. Bien sûr, puisque j'étais dans le pur présent. Pour la première fois de ma vie peut-être, et pour l'une des dernières, je n'avais peur de rien. Ça, c'est une expérience très étonnante. Tout à coup vous n'avez peur de rien ! C'est ce que j'appelle, c'est ce qu'on appelle la sérénité.

Une mise entre parenthèses du combat. Tout à coup je n'avais plus à me battre. C'est ce que j'appelle la paix.

Enfin, mise entre parenthèses, et c'était le plus étonnant, de tout jugement de valeur ; et c'est ce que j'ai mis plusieurs années à appeler l'absolu.

Naturellement, tous ces mots trahissent l'expérience, parce qu'elle était, par définition, intégralement silencieuse.

J'étais chez Graf Dürckheim depuis seulement quelques jours, lorsqu'il m'a posé la question : *« Jacques, quand avez-vous vécu pour la dernière fois une expérience mystique ? »*

La question m'a fait peur ! Parce que j'ai pensé immédiatement aux expériences des grands mystiques de la tradition chrétienne. Que pouvais-je bien avoir à faire avec ces êtres curieux ? C'est plus tard que j'ai compris que sa question concernait *l'expérience mystique naturelle.* Expérience accessible à tout homme, non parce qu'il serait chrétien, bouddhiste ou athée, mais parce qu'il est un être humain.

Chacun a vécu une expérience, un moment privilégié au cours duquel il s'est senti proche, comme jamais encore, de la vérité de la vie. Ce sont ces moments où nous avons *senti* ce qu'on pourrait appeler la profondeur de l'être. Moment au cours duquel nous glissons, sans bien savoir ni pourquoi ni comment, à un niveau d'être où règne (comme le dépeint André Comte-Sponville) : *la plénitude, le silence, la sérénité, la paix intérieure.*

À la condition de les considérer avec l'attention qu'elles méritent, ces expériences donnent à notre vie une orientation nouvelle.

Mais il faut savoir que lorsqu'on a vécu une expérience mystique naturelle un devoir nous appelle : « *Deviens la forme existentielle, la manière d'être qui s'est révélée à toi le temps qu'a duré cette expérience.* »

Tu as fait l'expérience de la sérénité ? Alors, pose-toi la question : qu'est-ce que je dois faire afin de devenir quelqu'un qui est serein ?

Tu as fait l'expérience la paix intérieure ? Alors pose-toi la question : qu'est-ce que je dois faire pour devenir quelqu'un qui vit en paix ?

À cette question, la réponse que donne le zen et que Graf Dürckheim nous propose est : La Voie de l'action, un chemin d'expérience et d'exercice.

Quel exercice ?

Il y a un art de marcher,
il y a un art de respirer.
Il y a même un art de se taire.
(Paul Valéry)

Aux personnes qui viennent au Centre Dürckheim, je propose la Voie de l'action. Peu explorée dans les milieux de la philosophie et de la spiritualité occidentale, la pratique d'un exercice est à ce point constitutif dans la quête de sagesse en Extrême-Orient que lorsqu'on rencontre une personne qui par sa manière d'être témoigne d'une certaine maturité, on lui demande : « *Quel est votre exercice ?* »

Pour avoir une incidence sur la vie spirituelle, un exercice doit répondre à deux conditions : être simple et pouvoir être sans cesse renouvelé.

Lorsqu'on apprend un exercice, la situation est celle d'un sujet qui se trouve face à un objet.

Il y a le *sujet* et il y a *l'action* (l'exercice, la technique).

La personne qui s'exerce doit tout d'abord *apprendre* cette action, cette technique. Ensuite, elle est invitée à *bien faire* ce qu'elle a appris. Bien faire ne suffit pas, il faut renouveler l'exercice jusqu'au moment où on le *maîtrise.* Le pas suivant est de *maîtriser parfaitement* ce qu'on maîtrise. Enfin, reste à *parfaire* ce qu'on maîtrise parfaitement.

Névrose obsessionnelle ayant pour but l'aboutissement à une inhumaine perfection ?

Non. La raison d'être de la pratique est l'éveil de l'homme à sa vraie nature, à *sa propre essence.*

Sur la Voie de l'action, la personne en chemin est invitée à exercer une action apparemment banale. Par exemple, porter son attention sur l'acte de respirer ou sur l'acte de marcher. On ne recherche donc pas une expérience qui aurait pour cadre une circonstance exceptionnelle. Au contraire, l'homme en chemin est invité à considérer avec attention une action coutumière à laquelle personne ne prête ordinairement attention.

Qu'est-ce que le zen ? Chacun connaît la réponse du maître zen : « *Le zen ? Quand je marche... je marche !* »

Se moque-t-il de son interlocuteur ? Pas le moins du monde. Il attire son attention sur une action qui paraît peut-être banale mais qui, en réalité, est l'expression de *l'être en acte*, de *l'essence en acte.* Parce que l'acte de marcher n'est pas *un fait* par l'homme. Observez un petit enfant qui fait ses premiers pas. Si marcher était l'aboutissement d'un *devoir-faire*, cet enfant ne pourrait pas marcher. Il ne s'agit pas d'un *savoir*-faire puisque l'instant d'avant il n'avait encore jamais marché. Cette action n'est donc pas un effet fabriqué mais un effet naturel de l'être. L'être qui n'est pas quelque chose ; l'être qui est *action.*

De même, ce qu'on appelle la respiration n'est pas un effet fabriqué par la personne qui respire. L'acte de respirer *est* un effet naturel de l'essence. L'essence qui n'est pas quelque chose ; l'essence qui est *action.*

Marcher, respirer, ne sont pas des actions du ressort du moi, de l'ego. Le développement des sciences et des techniques peut, ou pourra un jour, *reproduire* l'acte de marcher, mais la science ne peut pas *produire* une telle action.

Je peux décider que je vais marcher de la cuisine à la salle à manger, mais l'acte de marcher, la marche en soi, n'est pas l'effet d'une volonté.

Sur la Voie de l'action, parfaire l'acte de marcher signifie : *libérer cette action infaisable que le moi conditionné contraint, entrave.*

Une action ne peut se réaliser librement que dans la mesure où la conscience du sujet en action est libérée des préoccupations, des soucis, des désirs et des craintes. Sur la Voie de l'action, le renouvellement du même exercice libère celui qui le pratique des réactions mentales, des réactions émotionnelles et des réactions physiques qui empêchent de pouvoir réaliser une action dans la liberté de l'être.

Lorsqu'une technique est parfaitement maîtrisée, le sujet qui l'exerce est différent. Il entre dans un nouveau rapport à lui-même : un rapport à ce niveau d'être où règnent la confiance, le calme.

Il existe un art de respirer ; il existe un art de marcher.

Pour atteindre un art de vivre, il n'est pas de meilleur exercice que de s'asseoir et de porter son attention sur l'inspir et l'expir pendant une vingtaine de minutes chaque jour. Il n'est pas de meilleur exercice que de marcher à petits pas, pendant une vingtaine de minutes, en portant son attention sur chaque pas.

N'est-ce pas ennuyeux à la longue ? Pas du tout. Plus on renouvelle l'exercice et plus il devient intéressant, car le but est – à travers la répétition de toujours la même chose – la découverte d'un état d'être intérieur tout à fait *calme.*

Le but de ces exercices est de s'entraîner à l'art de créer les conditions qui libèrent la nature essentielle que nous sommes au plus profond de nous-mêmes.

Leibtherapie

Ce mot curieux apparaît dans tous les livres écrits par K.Graf Dürckheim.

Comment traduire l'association de ces deux mots de la langue allemande en français ?

Dans la langue de Goethe vous trouvez deux termes différents pour le mot corps : *Körper* (phonétiquement proche du mot corps) et *Leib* !

Körper, c'est le corps objet ; *Leib*, c'est le corps sujet. Le cadavre, sans vie, est encore le *Körper* ; il n'est plus le *Leib*.

« *Leib* ? *C'est l'ensemble des gestes et des attitudes à travers lesquels l'homme se présente, se réalise ou se manque* », écrit Graf Dürckheim.

Nous observons, sans avoir besoin d'un savoir en anatomie ou en physiologie, qu'un homme *inquiet* est crispé ; qu'un homme *confiant* est détendu ; qu'un homme *impatient* est agité.

Un *geste*, quel qu'il soit, révèle une qualité d'être : l'agacement de celui qui hausse les épaules, l'impatience de celui qui fait les cent pas, la joie de celui qui sourit.

Leib-*therapie*.

Étant moi-même kinésithérapeute, le mot thérapie m'agace ; d'autant plus qu'il est justifié.

S'il me contrarie c'est parce que, lorsqu'il est précédé du mot *Leib*, il ne suggère pas une médecine : ni une médecine douce, ni une médecine exotique. La Leib-*thérapie* ne se situe ni dans le cadre médical, ni dans le cadre paramédical. La Leib-*therapie* ne relève pas des différents secteurs de la thérapie pragmatique.

Mais alors, de quoi s'agit-il ?

« *Je ne propose pas une nouvelle thérapie,* dit Graf Dürckheim, *je propose un nouveau regard sur l'être humain, sur le corps que l'homme est.* »

Trois philosophes occidentaux, et non des moindres, réfutent la dualité corps-esprit.

Nietzsche, dans *Ainsi parlait Zarathoustra*, s'adresse aux contempteurs du corps : « *J'ai un mot à dire à ceux qui méprisent le corps. Je ne leur demande pas de changer d'avis ni de doctrine, mais de se défaire de leur propre corps ; ce qui les rendra muets.* »

Montaigne, dans son ouvrage *Principes de sagesse et de folie*, écrit : « S*i l'esprit de l'homme dérape, c'est à cause de l'esprit lui-même dès lors qu'il cesse de se laisser guider par les lois du corps.* »

Quant à Spinoza, rappelons-nous qu'il écrit : « *Si nous opposons ce qu'on appelle le corps à ce qu'on appelle l'esprit, c'est parce que nous n'avons pas une connaissance suffisante du corps.* »

Graf Dürckheim a un discours qui est en parfait accord avec cette vision non dualiste. Mais, à la différence de la philosophie occidentale qui s'enferme dans les concepts et les discours, il propose, comme les maîtres zen, un chemin d'expérience et d'exercice qui ouvre sur cette connaissance que Spinoza dénonce comme insuffisante. De ce chemin fait partie la *Leibtherapie*.

Le mot thérapie n'a de sens d'être utilisé que dans la mesure où il évoque une guérison. La *Leibtherapie* propose-t-elle une guérison ?

Oui. Les techniques qui font qu'un travail sur le corps devient la *Leibtherapie* permettent et favorisent l'expérience de ce que, dans le zen, on appelle : *l'état de santé fondamental de tout être humain.*

La difficulté, pour notre esprit occidental, est de ne pas opposer cet état de santé fondamental et les mille maladies et traumatismes qui nous contrarient tout au long de notre existence.

Quel est le critère, le signe, le symptôme de cet état de santé fondamental ? C'est *la paix intérieure* !

C'est l'*ataraxie,* objectif des maîtres de la philosophie hellénistique pendant les trois siècles qui précèdent et les deux siècles qui suivent la naissance du Christ.

« *Tout d'abord la philosophie se présentait comme une thérapeutique destinée à guérir l'angoisse* », écrit le philosophe Pierre Hadot dans son livre *Exercices spirituels et philosophie antique.*

À l'occasion de son détour par l'Extrême-Orient, le philosophe qu'est Graf Dürckheim découvre et expérimente que, dans le monde du zen, l'*exercice* philosophique est encore d'actualité. La difficulté, pour l'esprit occidental, est d'envisager qu'un exercice *physique,* un exercice corporel, puisse être reconnu comme étant un exercice philosophique ou un exercice spirituel.

Un sportif sain de corps (*Körper*), souple, musclé, beau et fort, peut manifester, par sa façon d'être là en tant que corps (*Leib*) qu'il est agité, impatient, méfiant. Par contre, une personne en fin de vie, grabataire, rongée par un cancer peut témoigner par sa façon d'être là en tant que corps (*Leib*) qu'elle est en paix.

La paix dont témoigne la seconde n'est pas le contraire de l'agitation et de l'inquiétude du premier.

Le sportif vit au niveau d'être qu'est « l'ego », enfermé dans l'esprit d'acquisition et l'esprit de performance ; d'où le désir de réussir à tout prix ou la crainte d'échouer qui se manifeste dans une attitude crispée.

La paix intérieure dont témoigne une personne qui est face à la mort s'enracine à un autre niveau d'être : « sa nature essentielle », ce lieu d'où il est possible d'exister dans la liberté de l'être.

La *Leibtherapie* est un ensemble d'actions qui permettent et favorisent l'éveil à notre état de santé fondamental.

Par sa façon d'être-là en tant que corps, c'est-à-dire à travers ses gestes et son attitude, l'être humain révèle dans quelle mesure il est en résonance avec sa nature essentielle ou désuni de sa propre essence.

L'Occident, dans le domaine de la philosophie comme dans le domaine de la religion, accorde peu d'intérêt au corps considéré comme une manifestation de l'essence en acte.

« *L'homme est un être spirituel jusqu'en son corps* », écrit Graf Dürckheim.

Dans notre conception dualiste, corps et esprit sont exclus. Mais dans une action, un geste, corps et esprit sont inclus. Le geste, l'action, est ce tiers mystérieux qui fait l'unité de la personne.

L'intellectuel est tellement exalté par la vie de l'esprit qu'il se préoccupe très peu du corps. À croire que le corps n'a pas sa place dans cette réalité qu'est l'être humain, si ce n'est comme objet de fonctionnement. C'est une manière de vivre qui expose à beaucoup de souffrance.

À l'origine de l'acte d'exister, le corps est la première conscience de l'être humain. Il suffit d'observer un nouveau-né pour constater que bien avant la naissance de la conscience objectivante, de la conceptualisation, de la pensée, le corps est indispensable à toute perception et à toute action.

Lorsque l'intellect supplante *l'Intelligence qui est avant l'intellect,* nous perdons la conscience de ces perceptions et de ces actions qui semblent aller de soi : l'acte de respirer, l'acte de voir, l'acte d'entendre, l'acte de s'asseoir, l'acte de marcher.

L'Orient et l'Extrême-Orient ont pris conscience que la connaissance du corps (à ne pas confondre avec les savoirs sur le corps) a une incidence dans l'art de vivre.

La connaissance du corps nous aide à parfaire notre humanité

Les empêchements sur la Voie

Les personnes sincèrement intéressées par la Voie de l'action sont néanmoins confrontées à une question : comment expliquer que des exercices physiques comme le tir à l'arc, la pratique du zazen, l'acte de marcher ou, plus étrange encore, la *Leibtherapie* peuvent être considérés comme étant des exercices spirituels ?

Il faut tout d'abord définir ce qu'est un exercice spirituel.

C'est un exercice qui avoue un but : préparer les conditions qui permettent et favorisent l'accord entre l'homme et sa propre *essence*.

En écrivant cela, je suis conscient que je n'explique rien ! Je ne peux qu'indiquer qu'il est possible à chacun de faire l'expérience d'un niveau d'être *autre* que le niveau auquel nous vivons d'ordinaire : l'ego. Cette expérience ne peut être capturée par les filets de la pensée, de la conscience objectivante.

Pour la conscience objectivante, le concept, l'*essence* se situe à la pointe de la pyramide des concepts. Alors que pour tout être vivant, l'*essence* est un mot qui trouve place à la base de cette pyramide – parce que l'acte d'être précède la conceptualisation. L'*essence* est la source, l'origine même de l'acte d'être.

L'approche de l'*essence*, dans le monde du zen, ne se fait pas à travers la pensée mais dans l'action. Lorsque le maître de tir à l'arc dit à son disciple : « *Laissez -Cela-tirer* », que veut-il dire ?

« Cela » est une façon de désigner l'essence. Il évoque la nature ultime de tous les êtres sans se laisser enfermer dans les catégories de la pensée ni tomber dans la croyance dogmatique ou la métaphysique spéculative. Kenran Umeji Roshi parle du Tao de la technique : « *Le Tao est la technique ; la technique est le Tao* » ! Autrement dit c'est en pratiquant un exercice jusqu'à la maîtrise parfaite que celui qui s'exerce bascule du niveau d'être habituel : l'ego, à un autre niveau d'être : sa nature essentielle.

Quels sont les empêchements sur la Voie ?

Voici la transcription des réponses que donne à cette question le maître de tir à l'arc Satoshi Sagino, successeur de Kenran Umeji Roshi :

« *Les empêchements sont les préoccupations du Moi. C'est l'ego qui empêche que "Cela tire"* ».

« *Au cours d'un tir, ce qui empêche "Cela" de faire l'action, c'est de penser le tir, d'essayer de résoudre mentalement les problèmes auxquels on est confronté.*

« *Une autre fois, c'est l'attachement au tir qui précède. Le tir est alors entaché du désir de résultats.*

« *Une autre fois, c'est de se sentir confronté au tir des autres élèves.*

« *Le pire* (ajoute maître Sagino en riant), *c'est d'être fier du tir qu'on vient de réaliser.* »

Comment se libérer de ces empêchements ?

« *C'est en se consacrant à un seul tir. Être totalement dans l'instant présent. Moment précieux parce que le tir se fait alors dans la liberté de l'être.* »

Je laisse à celles et ceux qui pratiquent l'Aïkido, le Tai Chi ou d'autres arts martiaux le soin de vérifier les indications de Maître Sagino.

Je ne doute pas qu'un concertiste ou une danseuse qui maîtrise son art reconnaisse ici les empêchements qui entravent leur savoir-faire.

Les sportifs ne sont pas épargnés. Qu'est-ce qui empêche la réalisation sereine, à l'occasion d'une compétition, d'un exercice, d'un saut, d'un lancer pourtant maîtrisé lors des entraînements ?

C'est l'ego : le désir de réussir à tout prix ou la crainte d'échouer.

Ce qui arrive aussi aux étudiants qui ont bossé à mort et se sentent paralysés lorsqu'ils sont à la planche.

Sur le chemin spirituel, il n'est rien de pire que la fatuité ou l'autosatisfaction. Lorsque, grâce à sa pratique régulière, une personne a atteint ce qu'elle peut légitimement appeler un progrès, un seul malheur peut lui arriver, disait Graf Dürckheim : « *Que le destin lui permette de s'arrêter à cette forme acquise et, pire encore, de s'y structurer* ! »

Sans Temesta , c'est l'angoisse !

L'angoisse monte. Depuis quelques semaines, le Temesta, médicament habituellement prescrit pour calmer l'anxiété, est en rupture de stock dans la plupart des pharmacies. Les consommateurs courent les officines, traquent les substituts, lancent des cris de détresse sur Internet. La France, dans ce domaine, se distingue. Sa consommation d'anxiolytiques atteint des records mondiaux : deux fois celle de l'Espagne, cinq fois celle de l'Allemagne, huit fois celle de l'Angleterre ; seule la Belgique parvient à rivaliser, et encore. [...]. Que se passera-t-il si la pénurie subsiste, voire s'intensifie ? Le pire est à craindre. L'Histoire nous apprend en effet que lorsque les peuples ont faim, soif, ils sont capables de tout. N'ayant plus rien à perdre – pas même les kilos superflus –, ils font la révolution.

Si le Temesta venait à manquer, des émeutes pourraient éclater. La foule prendrait d'assaut les petits commerces et réclamerait des anxiolytiques, comme autrefois du pain.

Rassurante, l'Agence française de sécurité sanitaire des produits de santé a affirmé que l'approvisionnement en tranquillisants serait rétabli d'ici la fin de la semaine. Nul n'ignore que le paix sociale est à ce prix .

(Chronique de Bertrand de Saint Vincent dans *Le Figaro*)

Problème de société ? Non.

La cause de cette consommation collective de psychotropes est le mal-être de la personne individuelle. Noyé dans un processus de massification appelé mondialisation, l'individu est réduit à un objet statistique numéroté (voir votre numéro de Sécurité sociale) et ne se prend plus au sérieux en tant que sujet.

Aujourd'hui, lorsque vous êtes angoissé, vous n'êtes pas invité à faire l'effort sur soi qu'enseignait Épictète. Une ordonnance, prescription médicale qui a force de loi, va vous permettre de continuer à vivre de façon inadéquate sans plus ressentir les symptômes de cette manière de vivre qui, inévitablement, va vous conduire à une aggravation de l'angoisse qualifiée comme étant la maladie de notre l'époque.

Y a-t-il une autre solution que la consommation des anxiolytiques pour être mieux dans sa peau et dans sa tête sur terre ?

Oui. Le meilleur des anxiolytiques est : *l'action.*

Par exemple : exercer quotidiennement la pratique méditative sans objet.

Lorsqu'on envisage une telle solution, deux questions se posent : pourquoi méditer et comment méditer ?

Pourquoi méditer ?

Le but, et c'est le seul, est de trouver (de re-trouver) l'accord, la résonance, avec notre vraie nature.

L'ego a posé un voile sur cet autre niveau d'être, notre nature essentielle.

En s'appuyant exclusivement sur l'ego, chacun arrive à concevoir et à surmonter les épreuves quotidiennes. Cependant, à ce niveau d'être, même la réussite, la performance, le succès, n'empêchent pas de se sentir soucieux, à l'affût, affairé, inquiet, menacé.

Paradoxalement, on observe que l'homme qui s'éveille à sa nature essentielle atteint le calme de l'esprit, la paix du cœur et la tranquillité du corps, même lorsqu'il est confronté à l'échec.

Comment méditer ?

La première chose qui nous incombe dans la pratique méditative est de relâcher la tension du moi ordinaire. L'homme soucieux, inquiet, angoissé est tendu et fermé en tant que corps qu'il est. Porter l'attention sur l'acte de respirer apaise assez rapidement notre esprit agité. L'expiration (chaque respiration) est un geste de détente avec lequel la personne qui médite est invitée à coïncider. L'inspiration (chaque inspiration) est un geste d'ouverture avec lequel la personne qui médite peut également coïncider.

D'instant en instant, se détendre et s'ouvrir est une action (un effort sur soi) qui favorise le passage du niveau d'être qu'est l'ego à cet autre niveau d'être qu'est notre vraie nature.

Méditer ! Un effort sur soi, un exercice, qui diminuerait sérieusement les dépenses de la Sécurité sociale. La pratique méditative prend heureusement place, aujourd'hui, dans différents services de certains hôpitaux.

La méditation ? Un exercice spirituel, un exercice philosophique, un exercice salutaire lorsqu'il ouvre sur une manière d'être plus tranquille, plus sereine, plus confiante.

« La banalité de la vie est à faire vomir de tristesse. »

Flaubert semble bien pessimiste. Néanmoins, ce constat est en conformité avec la première noble vérité énoncée par le Bouddha : « *La vie est souffrance* ».

Il y a quelques jours, une amie se plaignait de ce que son quotidien soit parsemé de tâches banales. Elle exprimait une lassitude de l'ordinaire et une soif, sinon de l'extraordinaire, de ce qui pourrait au moins être original, nouveau, excitant.

Instantanément surgissait de ma mémoire la réponse que donne Montaigne à celui qui a l'impression de n'avoir rien fait de toute sa journée : « *Quoy ? avez-vous pas vescu ? C'est non seulement la fondamentale, mais la plus illustre de vos occupations* [1]. »

Cependant je n'ai rien dit. Le silence est souvent plus fécond qu'une parole qui peut en certaines occasions, soit-elle celle d'un sage, être exaspérante.

Ce moment de silence m'a conduit à m'interroger : quelle est aujourd'hui ma relation au quotidien, à ces séquences répétitives qui jalonnent notre vie de tous les jours ?

J'ai le souvenir de périodes de ma vie où j'aurais été en parfait accord avec le constat de Flaubert. Notamment lorsque vivant en Forêt-Noire je me plai-

1. Montaigne, Essais III, 13, de l'expérience Leçon de Philosophie, A. Comte Sponville au centre Dürckheim.

gnais de perdre un temps fou à la supérette, au bureau de poste, ou d'être obligé de suivre un chasse-neige qui allongeait de trois quarts d'heure un trajet de trois kilomètres. Lamentation qui m'avait valu ce commentaire de Graf Dürckheim : « *Mon cher ami, j'ai l'impression que vous n'avez encore rien compris au travail que je propose !* »

Que fallait-il comprendre ?

Que la vie ne commence pas lorsque la vaisselle est rangée. Que la vie ne commence pas lorsque je sors du supermarché.

Pourquoi jugeons-nous qu'une action est banale ?

Parce que nous avons l'impression que notre vie est toujours inachevée. Notre attention est alors projetée sur le futur. Un futur qui seul pourrait nous donner un sentiment de plénitude, le bonheur. Bonheur illusoire puisqu'il est toujours pour après ! Tellement après qu'il risque d'être éternel !

La pensée tue la vie, dit un maître zen. Il a raison, lorsque je suis prisonnier d'une pensée autonome qui me projette sans cesse dans le futur ou dans le passé, j'oublie que je vis au moment présent.

La pratique méditative est un exercice de guérison de cette maladie de notre esprit qui nous projette, en pensée, dans ce qui n'est plus et plus jamais ne sera (le passé) et dans ce qui n'est pas encore et sera peut-être (le futur).

Il ne nous est pas demandé d'oublier le passé ou d'évincer le futur ; nous sommes invités à ne pas oublier... le présent, seul moment au cours duquel je vis réellement.

Le verbe être peut se conjuguer au passé et au futur. Mais l'acte d'être se conjugue uniquement au présent.

Le vécu, c'est l'action.

Nous pouvons distinguer deux niveaux d'actions.

Ainsi, l'acte d'inspirer, en ce moment, est un effet *naturel* de l'être.

Quant à l'activité, qui consiste à ranger son bureau ou à faire la vaisselle, c'est un effet *fabriqué* par le moi.

Pourquoi prendre comme exemples du vécu ces actions d'une banalité à faire vomir ?

Ces actions ne sont banales que pour celui qui les juge banales. Pourquoi ce moment pendant lequel je lave une assiette serait-il moins important qu'un autre moment de ma vie ?

Dans ce vécu, dans ces actions quotidiennes est la réalité de mon existence. Et qui plus est, l'acte de respirer, cette action infaisable par le moi, est le substrat de toutes les activités que moi je peux entreprendre. À ceux qui ne comprennent pas ce que je veux dire, je dis : « Arrêtez de respirer ! »

Je respire, donc j'existe ! Je fais la vaisselle, donc j'existe ! Mais au réel nous préférons souvent nos idées, nos rêves, nos fantasmes. Rêver sa vie paraît souvent plus séduisant que vivre sa vie.

La Voie de l'action ? C'est apprendre à vivre le moment présent. L'instant présent n'est jamais banal. L'instant présent est unique.

« *Quel mystère, quelle merveille... je respire* », s'écriait un vieux moine zen en sortant d'une méditation.

« *Comme c'est beau, ce matin, le chant des oiseaux* », me disait Christina, amaigrie, pâle, mais néanmoins souriante, à moins de vingt-quatre heures de sa mort.

Je respire... ! J'entends... ! Je vois... ! Je marche... ! Découvrir la joie d'être vivant, le plaisir d'exister.

Sur la Voie de l'action nous apprenons à faire une action pour elle-même. Chaque fois qu'une action est faite du mieux qu'il est possible, cette action peut conduire à un moment de satisfaction, de joie, de bonheur.

Découvrir la richesse du moment présent empêche le glissement dans la banalité.

D'accord ! Mais quelle est la richesse du moment présent ?

C'est celle que je lui donne !

Le sens de la vie... de ma vie

J'entends dire que le sens de la vie est l'Infini !

Vous cherchez l'Infini ? « *Rien n'est infini, sauf les choses finies* », écrit le savant du zen T.D. Suzuki.

J'entends dire que le sens de la vie est l'Absolu !

Vous cherchez l'Absolu ? « *Rien n'est absolu, excepté le relatif* », dit Hui-neng.

J'entends dire que le sens de la vie est Dieu, l'amour de Dieu !

« *Vous proclamez l'amour de Dieu ? Commencez par être un avec les gestes de vos mains lorsque vous épluchez les légumes* », dit le maître zen et moine dominicain Shigeto Oshida à des religieux occidentaux qui participent à une sesshin.

Ces réponses, tranchantes, coupent court notre propension de vouloir chercher le sens de la vie dans des représentations conceptuelles.

Vous êtes en quête de sens ? Alors, arrêtez de conceptualiser, de rationaliser, et agissez !

Au participant à une sesshin qui lui faisait part de son désir de « *vivre en harmonie avec l'Univers* », un maître zen répond : « *Arrêtez de vouloir voir que tout l'Univers est dans un dé à coudre. Il y est présent, mais tant qu'il y a un sujet qui voit et un objet qui est vu, il y a deux choses. La vie, la vraie vie, se vit dans la non-dualité. Pour voir l'Univers dans un dé à coudre, vous n'avez qu'à recoudre le bouton qui manque à votre chemise !* »

Ce maître zen invite l'homme en chemin à considérer avec attention la tâche la plus banale, l'action la plus ordinaire. Il nous invite à prendre la vie comme elle est, sans mépriser le tout-venant. Il nous exhorte à prendre l'instant présent comme il est, parce que le champ de cette expérience mystérieuse qu'est l'acte de vivre est *l'action* dans laquelle vous êtes engagé *ici* et *maintenant*.

« *L'homme du zen*, dit Graf Dürckheim, *est là, entièrement là, présent à la tâche qui est la sienne à l'instant* ». Quelle tâche ? « *Il peut s'agir de laver une assiette, de faire le ménage, de se raser ou de se maquiller* ».

Peut-on réduire la vie spirituelle, l'exercice spirituel, à des préoccupations aussi quelconques et matérielles ? Je peux comprendre qu'il y a dans ces exemples de quoi déranger celles et ceux qui ont l'esprit du dimanche ainsi que ceux qui opposent le corps et l'esprit.

Sur la Voie de l'action, la vie spirituelle et la vie matérielle ne sont pas opposées. C'est pourquoi l'exercice spirituel peut être un exercice corporel, par exemple le tir à l'arc. C'est pourquoi l'exercice spirituel peut être une action quotidienne, par exemple faire la vaisselle.

Qu'est-ce que le zen ? Le maître zen répond : « *Le zen ? Quand je marche, je marche.* »

Plus je pratique, plus je suis conscient de l'importance et du sérieux de cette réponse. Elle indique que l'action la plus naturelle qui soit peut devenir un exercice spirituel, à la condition que cette action remplisse totalement le moment présent. À la condition que celui qui marche soit dans la pleine attention à l'acte de marcher.

Grâce à la pratique d'un exercice arrive le jour où la personne qui s'exerce distingue deux formes d'actions :

L'action *mécanique*, réalisée inconsciemment. Elle me permet par exemple, lorsque je marche, de penser à mille choses.

« *Quand je marche, je marche* » devient alors : « *Quand je marche... je pense !* »

L'autre forme est l'action *parfaitement maîtrisée* réalisée dans la pleine attention. Cette action, dans sa spontanéité, sa pureté, sa fraîcheur, a quelque chose de commun avec « *la grande action du Tout universel* », dit Umeji Roshi.

C'est l'expérience que lorsque je marche : « *Cela* marche ! »

C'est l'expérience que lorsque vous tirez à l'arc : « *Cela* tire ! »

Cela ! Je deviens conscient que Cela agit lorsque l'ego s'efface. C'est l'expérience que je fais lorsque je glisse du niveau de l'ego au niveau de ma nature essentielle. Expérience au cours de laquelle celui qui agit se sent autre, dans une autre qualité d'être.

Lorsque votre action remplit totalement le moment présent, vous n'êtes plus dans la dualité sujet-objet. Vous revenez à l'origine de votre vie, là où existence et essence ne sont pas encore « *pensées* » comme étant des opposés.

Lorsque vous êtes pleinement conscient que Cela agit, la question du sens n'a plus aucun sens. Parce que l'acte de marcher, l'acte de tirer une flèche, en lui-même donne sens !

Il ne sert à rien de faire des discours sur le sens : « *Ne te fixe pas sur le doigt qui désigne la lune.* » Le sens se révèle dans l' expérience.

Quelle expérience ?

C'est et ne peut être que l'expérience de ce que l'homme *sent* ; parce que l'homme ne sentira jamais autre chose que ce qu'un homme peut sentir.

C'est et ne peut être que l'expérience de ce que l'homme *voit* ; parce qu'un homme ne verra jamais autre chose que ce qu'un homme peut voir.

C'est et ne peut être que l'expérience de ce que l'homme *entend* ; parce qu'un homme n'entendra jamais autre chose que ce qu'un homme peut entendre.

Il ne s'agit pas de voir l'invisible ou d'entendre l'inouï. Il s'agit de voir ce que je côtoie chaque jour sans l'avoir jamais encore… *vu* ! Il s'agit d'entendre ce que j'entends chaque jour sans l'avoir, jusqu'à aujourd'hui, vraiment *entendu*.

Il ne s'agit pas d'une expérience objective et impersonnelle comme celles sur lesquelles s'appuie la recherche scientifique. L'expérience qui donne sens est irréductiblement subjective et individuelle. Ainsi peut-elle être bleue ou rouge.

Pour quelle vérité ? La vérité qui veut que le bleu ne constitue pas dix pour cent de ce qu'on appelle la lumière, mais que le bleu est toute la lumière dans le langage du bleu.

Pour quelle vérité ? La vérité qui veut que la vague n'est ni dans l'océan ni sur l'océan ! La vague est l'océan dans cette action singulière qu'est la vague.

Pour quelle vérité ? La vérité qui veut que la vie n'est pas dans le vivant ! Le vivant est la vie dans cet ensemble d'actions mystérieuses et infaisables qu'est chaque être vivant.

Qu'est-ce qui va donner sens à ma vie ?

Ce ne peut être que… moi !

Le sens se présente, en tant qu'expérience existentielle concrète, au moment même où l'être et l'étant coïncident. Le lieu de cette coïncidence est l'action.

Qu'est-ce que le zen ? Quand je marche, je marche…

« L'homme est né pour agir »

Cependant, nous agissons beaucoup plus sur un mode de *réaction* que sur un mode d'action. Ce que le zen appelle le *moi ordinaire* est souvent qualifié comme étant « *un sac de réactions* ». Chacun peut observer combien souvent, dans une journée, s'enchaînent les réactions physiques, les réactions mentales et les réactions émotionnelles. Enchaînés à ces réactions devenues autonomes, nous avons même l'impression qu'elles composent notre identité : « *Laissez-moi tranquille, j'ai toujours été comme ça !* »

En même temps, n'est-il pas vrai qu'une personne qui respire le calme, la sérénité, et la paix intérieure nous interpelle, et que ces qualités d'être qui nous sont étrangères nous attirent ?

Le zen est parfois décrit comme étant la voie qui permet le passage de la maison du moi ordinaire à la maison du *moi véritable.* Ce déménagement n'est pas de tout repos, mais il est salutaire ; tant pour soi-même que pour les personnes avec lesquelles nous vivons.

Lorsque j'ai commencé la pratique méditative, je pratiquais avec détermination afin d'atteindre le *grand calme.* Mais, le plus souvent, je faisais l'expérience de l'impatience, de l'agitation, du désordre intérieur. Découragé, j'en parle avec Graf Dürckheim qui me dit : « *Savez-vous pourquoi vous ressentez tant d'impatience et d'agitation au cours de la méditation ?* »

Je me réjouissais par avance de la réponse qu'il allait donner à cette question ; j'y voyais déjà la chance d'apprendre un *truc* pour mettre fin à ces inconvénients. N'étant pas dupe de mon espérance, Graf Dürckheim prolonge mon attente en restant longtemps silencieux… « *Si vous faites l'expérience de l'impatience, de l'agitation, du désordre intérieur,* c'est parce que là où vous êtes assis *il y a* quelqu'un *qui est agité, impatient, en désordre. Vous devez comprendre que la méditation ne peut énerver personne. Mais la personne qui médite ne peut s'empêcher de voir ce qu'elle est à l'instant. Persévérez ! Seule une pratique régulière dissipe ce qui trouble le corps, l'âme et l'esprit.* »

Seule une pratique régulière dissipe ces difficultés. Parce que l'*action,* au cours de la pratique méditative, consiste à *voir* ces réactions physiques, mentales et émotionnelles afin de pouvoir s'en *défaire.*

Se *dé*faire des tripotages du moi ordinaire !

Voilà peut-être une bonne définition de la pratique méditative sans objet !

Cheminer sur la Voie de l'action, c'est apprendre à vivre, à exister dans une autre manière d'être que celle à laquelle on s'est identifié. Sur la voie spirituelle, la plus haute autorité est notre propre *expérience.* Cette autre manière d'être ne se révèle pas dans des concepts mais dans un *vécu.*

Le vécu ? Il ne se situe pas dans la tête, là où nous pensons penser ! Le vécu est une ressource de notre être de nature, qui est avant la pensée ; une ressource du corps qu'on est.

S'ouvrir à une autre manière d'être implique l'exploration des ressources du corps.

« *Le corps, par les seules lois de sa nature, peut beaucoup de choses dont son esprit reste étonné* », écrit Spinoza. En écrivant cela, ce philosophe qui réfute la dualité corps-esprit témoigne d'une lucidité comparable à celle des maîtres zen. Ceux-ci enseignent qu'en explorant les ressources du corps chacun peut faire l'expérience d'une réalité mystérieuse : *l'être*, l'être en acte, sa propre *essence*.

Le moyen de cette exploration, dans la tradition du zen, est l'exercice.

Afin de libérer les ressources du corps, la personne qui se met en chemin est invitée à *apprendre* une technique. Une fois cette technique apprise, vous êtes invité à *bien faire* ce que vous avez appris. La troisième étape est l'exigence de *maîtriser* ce qu'on fait bien. Ce qui, pas à pas, vous conduit vers la *maîtrise parfaite* de ce que vous maîtrisez. Vous pouvez alors aborder la dernière étape… *parfaire* ce que vous maîtrisez parfaitement.

L'exercice ainsi conçu a pour sens l'achèvement de soi-même dans un processus de maturation qui n'a de fin qu'à la dernière expiration. Il nous faut admettre qu'être agité, impatient, méfiant est l'expression d'un manque de maturité.

Les différentes étapes de la maturation exigent un engagement des qualités propres à l'ego : la volonté, la ténacité, l'opiniâtreté, la persévérance.

Ce n'est pas un pianiste ou une danseuse qui pourrait contredire cette loi de l'exercice. Une loi qui s'impose sur le chemin qui a pour sens un art de vivre, comme il s'impose dans l'art de la musique ou l'art de la danse. Une loi incontournable pour tout artisan qui s'exprime dans une œuvre extérieure (un tableau, une sculpture, etc.). Une loi incontournable pour toute personne qui a pour but son propre achèvement, son propre devenir.

La maîtrise parfaite d'une action conduit à une bascule. Comme le plongeur qui, d'un instant à l'autre, passe du niveau aérien au niveau aquatique, la personne qui maîtrise parfaitement un exercice bascule d'un niveau d'action à un autre niveau d'action ; de l'agir au non-agir.

Le non-agir, source d'une action qui se fait dans la liberté de l'être.

Savoir et sagesse

Recevant Daisetz Teitero Suzuki qu'il avait connu au Japon, Graf Dürckheim lui demande : « *Quelle est pour vous la différence entre ce qu'on appelle le savoir et ce qu'on appelle la sagesse ?* »

Instantanément jaillit la réponse : « *Le savoir regarde au-dehors ; la sagesse regarde en dedans.* » Après un moment de silence, le vieux maître zen ajoute une précision péremptoire : « *Mais, si vous regardez dedans comme vous regardez dehors, vous faites du dedans... un dehors !* »

Cette réponse magistrale ne fait pas appel à notre intelligence. Le sens de cette indication ne s'ouvre qu'à celui qui approche la *sagesse* en chercheur. D.T. Suzuki nous invite à explorer une façon de voir qui ne fait pas du dedans un dehors.

Regarder au-dehors ?

C'est être le spectateur d'un objet ou d'une action. On peut, tout en étant acteur d'une action, être le spectateur de celle-ci. Cette façon de voir établit la dualité sujet-objet.

Regarder en dedans *sans* faire du dedans un dehors ?

C'est, dans les pratiques méditatives proposées par la tradition orientale, ce qu'on appelle la *contemplation.*

Dans la contemplation, la conscience n'est plus spectatrice de l'action. La conscience *coïncide* avec l'action.

Ainsi, dans la mesure où l'action du maître d'Aikido *coïncide* avec l'action de l'adversaire, il n'y a plus un « moi » attaqué par un objet : « l'adversaire ».

Lorsque celui qui inspire *coïncide* avec l'acte d'inspirer, il n'y a plus un « moi » qui se sent distinct d'un objet : « la respiration ».

Cette expérience reste cachée à la curiosité purement théorique. C'est une expérience qui, dans les textes zen, est décrite de la manière la plus simple. Par exemple, on dit du maître de tir à l'arc : « *Il ne sait pas qu'il tire ; il tire !* »

Aussi longtemps que je suis prisonnier de l'habitude de regarder au-dehors, le but du tir à l'arc est une performance extérieure : atteindre la cible. Dans le monde du zen, l'action qu'est le tir a pour sens *la réalisation intérieure*, dans un sens humain, de celui qui tire.

Que veut dire : la réalisation intérieure dans un sens humain ?

Celui qui débute sur la voie de la technique est spectateur de son action et celle-ci est un *effet fabriqué.* Celui qui tire agit sous le règne de l'ego, du moi volontariste animé par le désir de bien faire qui s'accompagne nécessairement de la crainte d'échouer. Son action est perturbée par les réactions mentales et les réactions émotionnelles qui empoisonnent la vie intérieure : hésitation, nervosité, irritation, manque de confiance, perte des moyens, etc.

La période qui conduit de l'apprentissage d'une technique à la maîtrise parfaite de la technique se révèle être un sérieux travail sur l'ego.

Lorsque la technique est parfaitement maîtrisée, l'homme en chemin fait l'expérience d'une action qui n'est plus un effet fabriqué mais un *effet naturel.* Libre des tripotages de l'ego, l'action qui se fait dans *la liberté de l'être* est réalisée en pleine confiance, l'âme en paix et l'esprit tranquille.

Il est particulièrement déconcertant pour l'homme occidental qui rencontre le zen d'entendre dire que la voie de l'action ne consiste pas à établir un nouveau rapport à soi-même en développant un *savoir* sur soi. La réponse que donne D.T. Suzuki à Graf Dürckheim indique que l'enseignement du zen est paradoxal par rapport à notre recherche d'autonomie et de liberté dans l'application d'un savoir et de la maîtrise consciente de nos actes.

La voie de l'action invite l'homme en chemin à se *défaire* du rapport habituel qu'il a avec lui-même. Comment ? En explorant les ressources de son propre corps.

À Graf Dürckheim qui lui demande : « *Que faut-il faire pour connaître ce que le zen appelle le grand calme ?* », le maître répond : « *Il suffit de laisser le calme sortir de soi.* »

Autrement dit, le calme, la tranquillité, la sérénité, l'ataraxie sont des ressources de l'être, des ressources du corps qu'on est. Rappelons-nous ce que dit Montaigne : « *Si l'esprit de l'homme dérape, c'est à cause de l'esprit lui-même, dès lors qu'il cesse de se laisser guider par le corps.* »

Qui pratique le zen vérifie tôt ou tard le rôle et la portée du corps qu'on *est* dans notre équilibre intérieur, dans l'apaisement de l'activité mentale et émotionnelle.

Il devient urgent que les thérapeutes, qui ont pour dessein de guérir leurs patients de l'angoisse et des états qui l'accompagnent, accordent quelque intérêt à la thèse de Montaigne et s'intéressent au corps que l'homme « est ».

Le désir de changer soi-même

L'homme actuel se dit stressé, tendu, agité, impatient, étranger à lui-même. D'où le désir de changer soi-même.

Quoi faire ?

Après bientôt quarante ans de pratique méditative, je n'ai qu'une réponse à cette question : *rien* ! Parce que changer soi-même ne peut être qu'une action qui se réalise d'elle-même. Je ne peux pas *fabriquer* le changement de moi-même. La tranquillité du corps, la sérénité de l'esprit et la paix de l'âme sont des qualités d'être qui ne peuvent être fabriquées par la volonté ou à coups d'exercices physiques.

Le changement de soi-même ne peut être qu'un *effet naturel.* Il ne s'agit donc pas de vouloir changer soi-même mais de *devenir soi-même,* de devenir celle, celui, qu'on est déjà au plus profond de soi.

« Mais je dois quand même faire quelque chose ! Parce que le zen se distingue par l'exigence de faire un exercice, de s'engager, par exemple, dans la pratique méditative ou une pratique artistique, artisanale. »

Oui, il est important de s'engager totalement sur la voie du changement. C'est pourquoi on l'appelle *la voie de l'action.* Celle-ci étant l'art de créer les conditions qui permettent au devenir soi-même de se réaliser par lui-même.

Pratiquer régulièrement la méditation consiste à se rendre disponible pour ce qui nous échappe. Ce n'est pas ce que je fais qui opère le changement ; c'est le non-agir qui ouvre la voie au changement.

C'est vrai pour d'autres disciplines que le zazen. L'injonction : « *Laissez Cela tirer* », laisse l'élève perplexe. C'est la pratique sincère des gestes qui permettent d'encocher la flèche pour ensuite la décocher qui peut conduire à cette *expérience* surprenante.

Lorsqu'on entre dans le monde du zen, le moi ordinaire, ce moi que j'aimerais changer, entre dans un domaine qui lui échappe. Il ne se situe plus dans le cadre sécurisant de son mode de fonctionnement habituel.

Il s'agit moins de faire que d'accueillir ! Un accueil sans condition, sans référence, sans concept, sans analyse. L'essentiel n'est pas ce qui est accueilli. L'essentiel est l'attitude d'accueil qui, grâce à une pratique sans cesse renouvelée, se substitue à l'attitude volontariste du moi ordinaire.

La voie de l'action consiste en premier à se mettre, se remettre, en accord avec les lois du corps qu'on est.

Les lois du corps qu'on est sont les lois de l'être en acte.

Cette mise en résonance ne peut se réaliser que dans l'attitude *d'accueil*. Attitude qui exige détente et ouverture. Pratiquer la méditation sans objet, tirer à l'arc, c'est se mettre à l'écoute dans une ouverture totale. Une ouverture qui va jusqu'à l'abandon total de l'ego (du moi je veux, moi je ne veux pas).

Dans tous les exercices proposés dans le monde du zen, ce qui importe est le passage d'un niveau d'action à un autre niveau d'action. Lors de l'apprentissage, le niveau d'action est celui du moi ordinaire qui engage la volonté, le désir de réussir, la persévérance, la concentration.

Lorsque le pratiquant accède à la maîtrise parfaite de la technique, il fait l'expérience que le moi ne doit plus contrôler l'action. C'est le moment de la bascule à un autre niveau d'action. Une expérience que fait tout artiste, tout artisan qui maîtrise son art. Ce moment où le pianiste, la danseuse, contemple une action qui semble se faire d'elle-même. « *Je ne sais pas ce qui s'est passé mais, ce soir, ce n'est pas moi qui ai joué !* », s'exclame le concertiste en sortant de scène. Lâcher-prise du moi qui désire réussir à tout prix ; lâcher-prise du moi qui craint l'échec.

Les gammes, le travail à la barre renouvelés chaque jour, pendant des années, sont le vecteur de cette ouverture à une action qui n'est pas fabriquée par le moi ordinaire.

À cet autre niveau d'action se révèle un autre niveau d'être : notre vraie nature, notre nature essentielle.

Et voilà le changement !

Comment faire pour changer ? Simplement laisser le changement opérer en soi. Sur *la voie de l'action*, il ne faut pas essayer de fabriquer ce qu'on a à l'esprit ou ce que l'on considère comme devant être une manière d'être idéale. Il importe seulement de se mettre dans une attitude d'accueil afin d'accueillir ce qu'on est déjà sans l'avoir encore vu.

Un ours plus intelligent qu'un homme !

Ne vous attendez pas à lire que cet ours a reçu le prix Nobel de Physique. Ce qui conduirait à confondre connaissance et savoir.

L'histoire, que rapporte Heinrich von Kleist (auteur de romans et de nouvelles, contemporain de Goethe), est celle d'un homme qui combat un ours, lequel s'avère bien plus astucieux, plus adroit et plus clairvoyant que lui, escrimeur patenté.

Lorsqu'il a appris que je pratiquais et que j'enseignais l'Aïkido, Graf Dürckheim a traduit ce récit, « parce que tout pratiquant d'un art martial se doit de connaître cette histoire vraie qui fait état d'un étonnant duel » :

Un bretteur, qui serait aujourd'hui qualifié d'un niveau olympique, est conduit devant un adversaire qui pourrait bien être son maître.

Le maître en question ne peut que surprendre, c'est… un ours !

Ce qui fascine Kleist, c'est que le duel semble inégal. L'ours pare tous les coups et ne répond à aucune feinte ! L'art de l'escrimeur est mis en échec par un adversaire qui ne joue pas le jeu. L'ours regarde son adversaire les yeux dans les yeux, comme s'il avait pu lire dans son âme. Sa connaissance est d'une autre nature, d'un autre niveau que le savoir-faire de l'homme. L'animal triomphe de l'homme.

Kleist se demande de quel ordre est cette connaissance que l'animal nous livre comme une énigme.

C'est une question que je me suis également posée en voyant un maître d'Aïkido esquiver le plus facilement du monde les attaques de plusieurs assaillants. Loin d'être fort comme un ours, cet homme d'apparence fragile en avait l'intelligence.

J'avais l'impression que cet homme de l'art avait transféré à son *être de nature* la responsabilité d'engager des actions qu'il ne pouvait prendre le temps de construire en s'appuyant sur un savoir ou un savoir-faire ! Son action semblait avoir pour origine l'intelligence qui est avant l'intellect. Comme dans l'histoire rapportée par Kleist, le maître d'Aïkido semblait être en contact avec un niveau de connaissance qui s'apparente plus à celui dont témoigne l'ours qu'à celui qui est en honneur dans les salles d'armes où se préparent les jeux olympiques.

Dans le monde du zen, il est dit : « *Le maître de tir à l'arc ne sait pas qu'il tire ; il tire !* »

Nous pouvons dire la même chose de l'enfant qui fait ses premiers pas : « *L'enfant ne sait pas qu'il marche ; il marche !* »

L'enfant, le maître d'Aïkido, le maître de tir à l'arc témoignent d'actions qui ne sont pas encore, ou qui ne sont plus, des effets fabriqués par le moi ordinaire. D'actions qui sont un effet naturel de *l'être de nature* qu'est tout être humain, sous la surface conditionnée par la socialisation, l'éducation et les savoirs.

Se battre, tirer à l'arc ou dessiner un chat bondissant est alors une action aussi naturelle que l'acte de respirer ou l'acte de marcher.

Sur *la Voie de l'action, il* n'y a donc rien à faire si ce n'est se *défaire* de ce qui est fabriqué par le moi qui pense, prévoit, présuppose, analyse, échafaude en s'appuyant sur ses savoirs préalables.

L'ours qui fascine Kleist est immergé dans le *sentir.* L'ours *voit* ce qui est réellement au moment présent.

Le bretteur, qui perd la face, est prisonnier de son savoir et de son savoir-faire.

L'ours vit le moment présent ; le bretteur est attaché au passé et attaché au futur. En effet, l'acte de voir ne peut concerner que ce qui est réellement au moment présent. Je ne peux pas voir ce qui a été ni ce qui sera peut-être. Par contre, être attaché à telle ou telle technique, c'est être attaché au passé. Parce que tout *savoir* est un rapport au passé.

Faut-il s'inscrire dans une école de tir à l'arc ou une école d'Aïkido pour apprendre à vivre en résonance avec son être de nature, avec sa vraie nature ?

Non. Il suffit de s'asseoir, immobile, et d'observer la respiration. Il suffit de « *ne rien faire, mais à fond !* », comme le dit André Comte-Sponville, qui aborde le zen en se glissant dans le sentir (ce qui est courageux pour un philosophe dont l'arme favorite est la pensée).

Être assis n'est pas une action fabriquée par le moi.

Être immobile n'est pas une action fabriquée par le moi.

Respirer n'est pas une action fabriquée par le moi.

Aucune de ces actions ne s'appuie sur un savoir ou sur un savoir-faire. Ces trois éléments de ce qu'on appelle la technique du zazen sont les vecteurs des actions engagées par notre être de nature que Graf Dürckheim appelle : le corps qu'on est.

« *Le Tao est la technique ; la technique est le Tao* », écrit Kenran Umeji Roshi, maître de tir à l'arc. Le mot *Tao* signifie : l'ordre des choses. Le tir a l'arc est un art qui invite celui qui pratique à coïncider avec l'ordre des choses : les lois de la Nature, les lois de son propre corps.

« Le Tao est la technique ; la technique est le Tao », signifie qu'il n'y a plus de séparation entre l'action qu'est *la Nature* et ce qu'on appelle la technique.

Le *sentir* devient assez rapidement la conscience des actions dues à l'intelligence qui est avant l'intellect. En portant l'attention sur la respiration, une action qui n'en a pas besoin, je fais instantanément l'expérience que « l'acte de respirer se fait ».

Expérience de simplicité, parce que l'acte de respirer n'a pas besoin de la pensée, pas besoin du raisonnement. L'acte de respirer n'a besoin d'aucun savoir préalable.

Le corps, mon être de nature, sait mieux que moi comment respirer !

Et voilà que, par *le sentir* du paisible va-et-vient du souffle, ma vie intérieure *change*. Je deviens calme, tout à fait calme. Tout devient silence. Il n'y a plus de passé, plus de futur, seulement le moment présent. L'essence de soi n'est plus ici l'objet d'une croyance ou d'une spéculation intellectuelle. C'est une expérience que je vis en tant que sujet.

« *De quel ordre est cette connaissance que l'animal nous livre ?* », se demande Heinrich von Kleist. Un maître zen répondrait : « *Cette connaissance est de l'ordre de la nature qu'est tout être vivant ; cette nature qui est à la fois origine et sens.* »

Le but du zen est l'éveil à notre nature essentielle. Chez celui qu'on appelle le maître, elle se manifeste, tout simplement, dans sa manière d'être et sa façon d'agir.

La voie de l'action. Pourquoi ? Comment ?

Aux premiers jours de chaque année, je trouve indispensable de me questionner sur le *pourquoi ?* et sur le *comment ?* de la voie tracée par Graf Dürckheim.

En réponse à la question *pourquoi ?* je vous propose une histoire qui se passe au Japon, mais qui pourrait aussi bien se passer au Centre Dürckheim.

Un homme vivement intéressé par quelques lectures sur le zen fait un premier séjour dans un monastère. Dès le deuxième jour, il n'arrête pas de se plaindre. Les raisons ne manquent pas et peuvent se résumer en une phrase : *ce qu'il aimerait qui soit... n'est pas ; ce qu'il aimerait qui ne soit pas... est !*

La liste de ses lamentations est longue et je ne prendrai que quelques exemples : comme les moines, chaque matin, il doit se lever à quatre heures ; les assises lui semblent interminables ; le silence imposé l'angoisse ; sur un chemin bordé d'arbres, il a pour tâche (*samu*) de balayer les feuilles, qui semblent attendre qu'il soit passé pour tomber de plus belle.

Lui qui venait au monastère pour trouver la paix intérieure ne ressent qu'agitation, irritation, impatience, révolte. Bien entendu, il projette sur tout ce qui bouge la cause de son mal-être.

Au troisième jour de cette épreuve, il est heureux d'apprendre que l'abbé du monastère va le recevoir. Il va enfin pouvoir « parler » de son insatisfaction.

Le vieux maître écoute tranquillement l'énoncé des doléances formulées par cet homme qui se dit très intéressé par le zen. Plein de compassion, souriant, il lui dit : « *Cher Monsieur, n'oubliez pas d'être heureux !* »

Touché par ces paroles et ne pouvant cacher son émotion, cet homme qui débute la pratique du zen remercie le vieux maître de ce « *souhait* » qui, dit-il, « *lui met du baume au cœur* ».

Entendant cela, mais cette fois avec un regard sévère, le Roshi reprend la parole : « *Cher Monsieur, lorsque je vous dis* "n'oubliez pas d'être heureux" *je ne formule pas un souhait ; je vous donne une instruction !* »

Cette instruction conduit à la seconde question : *comment ?*

Comment, dans le monde tel qu'il est aujourd'hui, ne pas oublier d'être heureux ? Une tâche qui semble bien difficile. D'autant plus difficile que l'instruction n'est pas de changer le monde ou d'attendre que le monde change, mais de changer soi-même.

N'oublions pas qu'il n'est pas de tâche difficile qui ne pourrait être divisée en petites tâches faciles. C'est ce que propose la *Voie de l'action.*

La Voie de l'action est un chemin d'expériences et d'exercices. Chemin de libération de notre nature profonde hors des chaînes d'un moi dépendant du monde. Ce qui trouble encore bon nombre d'Occidentaux, c'est que l'enseignement proposé n'utilise pas les moyens de l'analyse intellectuelle, de la pensée discursive ; non plus la forme d'une croyance dogmatique ou de la spéculation métaphysique.

Les petites tâches faciles sont confiées… au *corps*.

La voie de l'action propose des exercices physiques. Ainsi, pour accéder à l'art de vivre l'âme en paix

(*L'ataraxie est le plus grand bien auquel l'homme puisse accéder*, disait Épictète), la personne qui se met en Chemin est invitée à pratiquer quotidiennement l'assise en silence et l'exercice de la marche.

Chacun peut faire l'expérience qu'à partir du moment où il maîtrise une technique aussi banale que l'acte de respirer ou l'acte de marcher, il pénètre dans les profondeurs de son propre être, de sa propre essence : source de l'expérience de la tranquillité, de l'expérience de la sérénité.

Un pas important est de voir que le *corps* n'est pas cet objet matériel que nous pouvons peser, mesurer et même disséquer.

Le corps est *action.*

Observez un homme impatient, agité, angoissé, agressif. L'impatience n'est pas quelque chose ; c'est une *action.* Il serait plus approprié d'y voir une *réaction* d'un homme enchaîné à l'ego. Un maître zen écrit que l'homme identifié à l'ego est « *un sac de réactions mentales, de réactions affectives et de réactions physiques* ».

L'ego n'est pas quelque chose. L'ego est *action.*

Il m'est arrivé de dire et d'écrire que le zen propose l'éradication de l'ego. Je regrette cette formulation. Ce que je suis invité à faire, c'est de me défaire des actions fabriquées par l'ego : une humeur, une attitude, un geste, une pensée morose ou agressive, etc.

À force de me défaire des manifestations autonomes de l'ego, je libère sa fonction première : me sentir en résonance avec ma propre essence et agir en accord avec les lois de ma vraie nature. Parce que l'être, notre propre essence, notre vraie nature, n'est pas quelque chose.

L'être, l'essence, la vraie nature, est *action.* Ce qu'on appelle l'esprit est *action,* et pas quelque chose.

Le point de vue dualiste auquel nous sommes conditionnés nous conduit à penser que ce qu'on appelle le corps et ce qu'on appelle l'esprit sont exclusifs. Mais dans toute *action* engagée par un être humain, le corps (qui est action) et l'esprit (qui est action) sont inclusifs.

Sur la voie de l'action, la parfaite *maîtrise* de la technique emmène la personne qui s'exerce à un niveau de maturité où *l'ego* n'entrave plus l'action engagée. Celle-ci se réalise alors, dans *la liberté de l'être.*

La liberté de l'être ! Expérience d'un sentiment qui peut, lorsqu'on reprend quotidiennement la pratique, devenir une *manière d'être.*

Si vous pratiquez régulièrement, « n'oubliez pas d'être heureux » !

Ce n'est pas un souhait. C'est un encouragement à reprendre, quotidiennement, cette petite tâche facile appelée zazen et cette autre petite tâche facile qu'est le *kin-hin,* l'acte de marcher.

L'homme ? Un sac de réactions mentales et émotionnelles !

La tradition des samouraïs est riche d'anecdotes. Celle qui suit illustre l'importance du travail sur les réactions mentales et les réactions émotionnelles qui peuvent se mettrent au travers de l'action d'un combattant :

Un samouraï se vit un jour confier la tâche de venger le meurtre de son maître (rappelons-nous qu'au XVIIe siècle, au Japon, un combat au sabre se terminait inévitablement par la mort de l'un des combattants). Étant parvenu à trouver l'assassin, le guerrier dégaine son sabre et s'avance calmement vers son adversaire pour en finir. C'est alors que l'autre, dans un geste de rage et de désespoir, *crache* à la face du samouraï !

Sur le coup, celui-ci hésite un moment, recule d'un pas... puis, curieusement, rengaine son sabre et s'éloigne ! Encore sous le choc, le cracheur (!) demande au samouraï pourquoi il renonce à le tuer au moment où il n'a plus qu'à lever son sabre pour lui trancher la gorge.

La réponse est surprenante :

« *Ton crachat m'a mis en colère ! Si je t'avais tué sous le coup de la colère, c'eût été* un acte personnel commandé par une émotion. *Alors que c'est un acte impersonnel de vengeance que je suis venu accomplir !* »

Combien de fois ce que nous considérons comme étant une *action* n'est, en réalité, qu'une *réaction* commandée par nos émotions ?

Le zen avoue un but : *la paix intérieure.*

La pratique méditative sans objet, le zazen, nous met face à nos réactions, à notre propre fonctionnement mental, affectif et physique. Lorsqu'une pensée s'impose, il suffit de la voir et de l'étiqueter (en prononçant pour soi-même le mot « pensée ») pour que, le plus souvent, elle se dissipe comme un nuage. Mais lorsqu'une réaction émotionnelle se lève, l'étiqueter ne suffit pas toujours pour la voir se dissiper. On ne peut connaître la paix de l'âme ni en refoulant les émotions ni en se laissant submerger par celles-ci.

Dans les années soixante-dix, lorsque j'étais chez Graf Dürckheim, la mode était aux psychothérapies expressives : « Tu dois exprimer ta colère, tu dois exprimer ta tristesse. » Oui, on peut couper une mauvaise herbe à ras de terre, mais elle ne tarde pas à repousser et même à devenir plus forte. Donner libre cours à une réaction émotionnelle fait toujours du bien momentanément, mais le plus souvent cela ne fait que la nourrir.

L'expression thérapeutique des émotions vient de Freud. Il voit dans ce système thérapeutique le moyen de relâcher une pression due aux refoulements. C'est une solution séduisante, et même délassante. L'expression émotionnelle libère les contenus émotionnels, mais elle ne touche pas *au processus émotionnel* qui véhicule ces contenus divers.

Les maîtres zen nous proposent une méthode afin d'éviter le rejet et l'appropriation. En effet, lorsqu'une émotion agréable apparaît, je tente aussitôt de me l'approprier. Par contre, lorsque l'émotion qui apparaît est jugée désagréable, je cherche aussitôt à la fuir, à la rejeter. Dans les deux cas, nous fabriquons notre souffrance : parce que ce que j'aime, le plus souvent, ne dure pas et ce que je n'aime pas, généralement, persiste ou se réactive.

Au cours du zazen, j'apprends à être conscient des *plus petites* réactions émotionnelles sans me les approprier et sans les rejeter. J'observe que ces réactions apparaissent et disparaissent comme les averses au printemps. C'est un bon exercice – dans l'exercice – que d'observer, par exemple, la moindre insatisfaction qui apparaît. Identifier l'insatisfaction afin de ne pas s'identifier à cette réaction.

Le fondement de l'exercice est de veiller à s'asseoir dans la tenue et la forme juste (ni crispation ni dissolution), et de pratiquer l'absolue immobilité. C'est la condition première pour voir l'émotion qui apparaît et lui dire : « *Ah te voilà ! Heureux de te revoir. Qu'est-ce que tu vas m'apprendre sur moi-même aujourd'hui ?* » (K.G. Dürckheim)

Le seul ennemi du samouraï, c'est lui-même.

Le seul ennemi de celle, de celui qui pratique la méditation sans objet, c'est lui-même. Mais, pas de résipiscence : « *Peu m'importe ce que l'homme est,* me disait Graf Dürckheim, *ce qui m'importe c'est ce qu'il devient.* »

J'ajouterai : ce qu'il devient à l'instant ; en ce moment pour ce moment.

La vie spirituelle

Inspir… expir… inspir… expir !
Par le paisible va-et-vient du souffle,
on devient soi-même tout à fait calme.
Inspir… expir… inspir… expir !
Tout devient silence.

L'adjectif *spirituel* n'est pas à assimiler à l'adjectif *intellectuel.* La vie spirituelle n'est pas le sommet d'un accomplissement intellectuel. L'être humain est un *être de nature* ; observez un nouveau-né. La femme, l'homme, qui meurt à l'âge de quatre-vingt-dix ans est toujours encore un *être de nature.* Quel que soit le niveau social, intellectuel et culturel qu'il a pu atteindre au cours de sa vie, il va mourir dans une dernière expiration, un dernier battement du cœur.

La vie spirituelle a pour substrat notre être de nature ; notre *vraie nature.*

Notre nature essentielle (ce que Graf Dürckheim appelle l'être essentiel) est une réalité qui ne peut être capturée dans les filets de la pensée. Notre propre essence, comme d'ailleurs l'acte de respirer qui en est une manifestation agissante, n'a nul besoin de la pensée, nul besoin du raisonnement pour se réaliser et être expérimentée.

Il est une connaissance qui n'a pas besoin de la pensée. L'Occident ne semble pas la prendre au sérieux. Nonobstant, c'est cette connaissance qu'enseigne le zen.

Sur le chemin spirituel, « *tout commence par une expérience* », dit Graf Dürckheim.

Une expérience spirituelle n'est pas due au fait que celui qui la vit est chrétien, bouddhiste ou athée. Une expérience spirituelle n'est pas limitée au cercle restreint des savants et des sages. L'expérience spirituelle est accessible à tout homme, parce que tout être humain est à l'origine un *être de nature.*

Le monde du zen engage la personne en chemin à considérer avec attention les *ressources du corps* les plus élémentaires. Par exemple, dans la pratique méditative sans objet, appelée zazen, vous êtes invité à porter votre attention sur l'*acte de respirer.*

Les tenants de la philosophie et de la spiritualité occidentale ne tiennent pas compte de ce niveau d'activité et d'expérience. À croire que ce serait faire injure aux bâtisseurs du siècle des lumières que de s'intéresser à l'acte de respirer ou à l'acte de marcher. « Laissez ces préoccupations aux kinés ! Vous ne *pensez* quand même pas qu'il faille prendre le corps en considération dans une démarche spirituelle ! »

La pensée occidentale est bien orgueilleuse. L'homme occidental a tendance à ne faire confiance qu'à sa tête. Il n'est pas conscient des *ressources du corps*

La respiration, plus exactement *l'acte de respirer*, est une action d'un niveau supérieur à toutes nos actions. Pourquoi supérieur ? Parce que respirer n'est pas *un fait* de l'homme. L'acte de respirer est un effet naturel de notre nature essentielle ; c'est l'être en acte dans le langage de la respiration.

Vous n'êtes pas d'accord ? Je ne vais pas essayer de vous convaincre. Mais je vous propose d'arrêter de respirer ! Vos collègues et amis pourront ainsi observer ce qui reste des multiples actions fabriquées par un moi vaniteux et ambitieux dont le seul souci est le savoir, le savoir-faire, la réussite extérieure, la performance et la reconnaissance.

L'observation attentive de l'acte de respirer nous met en contact avec notre propre essence.

Ce n'est ni dans ce qu'il sait ni dans ce qu'il sait faire que l'homme trouve la confiance, la sérénité, la paix de l'âme. Ces qualités d'être se révèlent à celui qui *se fait spectateur de ce qu'il ne peut pas faire* : des actions qui se passent en nous et sont du niveau de l'être.

Le zen engage l'homme en chemin dans une activité conçue, élaborée, instituée par l'homme : le tir à l'arc, le combat à l'épée, la cérémonie du thé, la calligraphie, etc. Mais le but de ces activités, exercées jour après jour, n'est pas une performance extérieure ou une réussite artistique. Sur la Voie de l'action, le but d'un exercice est l'expérience du substrat de toutes les actions et de toutes les activités humaines : *l'essence*.

Dans la pratique méditative, l'observation on ne peut plus banale que ce n'est pas *moi* qui respire dévoile un *niveau d'action* autre que le niveau auquel s'opèrent nos activités ordinaires.

Ce niveau d'action est l'expression d'un niveau d'être qui n'est plus celui de l'ego. Et c'est cet autre niveau d'être qui est le but des activités artistiques et artisanales que propose le zen à ses adeptes. La maîtrise parfaite d'une action comme *l'acte de marcher* peut conduire celui qui marche à cet autre niveau d'être.

La vie spirituelle, c'est *exister* à cet autre niveau d'être.

C'est pourquoi il est dit que le zen prépare et favorise les conditions d'un déménagement : *déménagement de la maison du moi ordinaire dans la maison du moi véritable.*

Deux niveaux d'être

Tout être humain commence son existence en tant *qu'être de nature*. Période de notre vie à laquelle nous n'accordons peut-être pas assez d'attention. Ce qui semble intéresser le pédagogue, le philosophe, le psychologue et les responsables des religions, c'est l'homme qui parvient à maîtriser ce qu'on appelle, le plus souvent avec dédain, sa *nature primitive*. Ce qui compte, c'est que cet être de nature soit capable d'élaborer des concepts, d'accumuler un savoir objectif et un savoir-faire pour les mettre au service de la communauté.

La socialisation est, bien entendu, dans l'ordre du développement de notre humanité. Mais en se coupant de son être de nature, l'homme se coupe de sa *nature essentielle*, de sa propre essence. Ce faisant, il perd le contact avec le niveau d'être où s'enracine ce qu'on appelle la vie spirituelle.

L'ego, centre des images, des pensées, des désirs et des craintes, transfère le vécu spirituel propre à notre nature essentielle dans des représentations conceptuelles, des croyances ou des convictions. Jusqu'au jour où le credo et le dogme seront réfutés par la pensée objectivante, la raison.

Lorsqu'il est identifié à son ego, l'homme souffre dans sa vie intérieure. Il souffre parce qu'il est coupé de sa nature essentielle, et donc de sa vérité intérieure. L'angoisse et les états qui l'accompagnent sont les symptômes de ce mal-être.

La guérison de cette souffrance propre à l'être humain et que l'animal ne connaît pas exige la reconnaissance de deux niveaux d'être.

La plupart des traditions spirituelles, préoccupées par l'origine de l'homme, distinguent le ciel et la terre, l'essence et l'existence. Graf Dürckheim distingue ce qu'il appelle l'être essentiel et le moi existentiel.

Tchouang-Tseu, au Ve siècle avant J.-C., distingue deux *régimes de l'activité* en différenciant ce qu'il appelle « le Ciel et l'humain » [1]

Le Ciel : un niveau d'être qui se manifeste dans les actions de notre être de nature : respirer, marcher, voir, entendre, sentir. Un ensemble d'actions qui ne peuvent être faites par l'homme. Des actions qui précède tout savoir, tout savoir-faire ainsi que les talents ou les habiletés de l'ego. Des actions, effets naturels de l'être en acte, qui précèdent cette seconde naissance : l'ego.

Ici, les mots Ciel et nature essentielle ne font pas appel à la croyance, à la foi ou aux convictions. Ils rendent compte de l'expérience existentielle concrète d'une réalité que nous sommes.

L'humain : un niveau d'être où s'élaborent les actions qui peuvent, et souvent même doivent être faites par l'homme. Des actions qui doivent, être apprises et ensuite réalisées à partir d'une intention, d'une volonté, et dans un dessein prévisible.

En me calquant sur le sage taoïste, je pourrais dire : « L'homme respire, voilà ce que j'appelle le ciel ; l'homme joue de la flûte traversière, voilà ce que j'appelle l'humain ! »

1. Voir page 22.

Il ne faut pas multiplier les exemples pour se rendre compte que le substrat de toutes les activités inventées et fabriquées par l'homme est une action du ciel.

Pourquoi la Voie de l'action ?

Pour que coïncident *le Ciel qu'on est* et *l'humain qu'on devient.*

L'aboutissement de ce travail sur soi qui emprunte un chemin *d'expérience* et *d'exercice* est une autre manière d'être à partir d'une vie intérieure autre.

Dès le premier jour, le maître zen vous invite à être attentif à votre manière d'être dans ce que vous faites. Le *calme* est considéré comme le fondement de toute activité. Mais pas d'illusions ! Si vous désirez commencer la pratique méditative, ne faites pas comme celui qui attend une tempête pour apprendre à nager. Profitez que l'eau du lac est calme pour vous exercer à y entrer sans faire de rides. De cette façon, chacun peut arriver au grand calme intérieur. Il peut aussi le retrouver plus facilement lorsqu'il l'a perdu.

Au début de notre pratique, le dojo est un espace particulier dans le quotidien. Lorsque vous pratiquez régulièrement et sincèrement, chaque espace du quotidien devient le dojo.

« Quand vous respirez, qui respire ? »

Lorsque Yuho Seki Roshi m'a posé cette question (pendant une sesshin à Rütte en 1974), j'ai haussé les épaules et j'ai répondu : « *Quand je respire… mais, c'est* moi *qui respire !* ».

Le vieux maître zen a éclaté de rire, puis, l'air sévère, il m'a dit : « *Si c'est la vérité, alors arrêtez de respirer !* »

Lorsque vous êtes confronté à vous-même d'une telle manière, la signification de l'exercice change entre aujourd'hui et demain ! Si vous pratiquez « par cœur », l'exercice quotidien n'a pas beaucoup de sens. Il n'a de raison d'être que dans la mesure où, d'une fois à l'autre, il vous étonne et prend une nouvelle signification.

Si vous commencez la pratique du zazen, vous serez invité à porter votre attention sur la respiration. C'est un excellent exercice de concentration qui, assez rapidement, apaise l'activité mentale autonome et incessante.

Un jour, toute personne qui pratique pose la question : « Comment faut-il respirer lorsqu'on médite ? »

Cette question, bien compréhensible, n'a aucun sens. Parce qu'il *ne faut pas* respirer. L'attention est portée sur une action qui s'accomplit d'elle-même, *naturellement*, sans l'intervention de la personne qui respire. Dans la pratique méditative, je porte mon attention sur une action qui n'en a pas besoin.

« Il suffit donc de se sentir respirer ? »

Non, il s'agit de se sentir *respiré* ! C'est l'approche d'une nouvelle étape dans la pratique : l'observation de ce qui, de soi-même, *va* et *vient*. Découverte d'une action qui n'est pas un effet fabriqué par l'homme mais un effet naturel de l'être.

Vivre, lorsqu'on fait cette expérience, signifie : *être respiré.*

J'ai le souvenir de cette expérience au cours de laquelle je ne regardais plus la respiration comme on regarde un objet. À l'instant même, et jusqu'à aujourd'hui, la respiration avait une autre signification. Je passais d'un savoir conceptuel objectif à cette expérience subjective :

« *J'existe* parce que, en ce moment, je suis respiré. »

« Quand vous respirez, qui respire ? »

Je ne pouvais imaginer combien cette question allait transformer ma pratique. Chaque fois qu'elle remonte à ma mémoire, je glisse dans le *sentir*. Alors qu'à l'époque où elle m'était posée pour la première fois, cette question m'invitait à réfléchir. Réflexion intellectuelle accompagnée du désir de trouver une réponse conceptuelle brillante !

Se glisser dans le sentir !

Nous entrons ici dans le domaine de *l'être*. Expérience intérieure qui n'est pas transmissible d'un point de vue intellectuel. L'essence, l'essentiel, n'est plus envisagé comme étant l'invisible (que je ne verrai donc jamais), mais comme étant l'*infaisable* (dont je peux faire l'expérience immédiatement).

Je suis respiré !

« Je vis sous le règne d'une action infaisable par le *moi*. »

Ce vécu m'a plongé dans un sentiment d'impuissance totale. Impuissance du moi qui, paradoxalement, ouvre sur un grand *calme* intérieur.

Le grand calme ! Voici ce que dit Hui-neng (maître zen au VIIe siècle) de la pratique méditative : « *Le calme et la sagesse sont les fondements de ma méthode. Avant tout, ne tombez pas dans l'erreur de croire que ce sont deux choses différentes. C'est une seule et même substance, et non deux. Le calme est la substance de la sagesse, et la sagesse est la fondation du calme. Chaque fois que fonctionne la sagesse, le calme est en elle. Chaque fois que le calme fonctionne, en lui est la sagesse.* »

Inspir… expir… inspir… expir ! Sous l'apparence de la continuité arrive le moment où je *vois* que cette action infaisable n'a de réalité qu'au *moment présent.*

Je ne respire pas, maintenant, pour vivre dans deux ans ; je respire en ce moment pour vivre en ce moment.

Cette respiration, qui est en ce moment, n'a jamais été avant d'être ; jamais plus elle ne sera !

Cette expérience donne une nouvelle signification au quotidien, aux actions les plus banales de la vie de tous les jours.

C'est l'expérience que la vie spirituelle n'est pas se préparer à une autre vie ; la vie spirituelle, c'est ne pas oublier que, en ce moment, *j'existe* ! Que j'existe dans ce que je fais.

Le zen ? Rien n'est plus simple : « *C'est remplir le moment présent de son action.* »

La voie spirituelle et le corps

« Le champ le plus directement accessible à la pratique de la Voie spirituelle est le corps, le *corps qu'on est.* » (K .G.Dürckheim)

Une telle affirmation peut encore étonner l'homme occidental conditionné à un regard dualiste sur tout ce qui est. Si nous opposons ce qu'on appelle le corps à ce qu'on appelle l'esprit, on ne peut pas envisager qu'un exercice corporel puisse favoriser la maturation spirituelle de l'être humain.

Cependant, de grandes traditions spirituelles comme le bouddhisme et le taoïsme donnent aux exercices physiques, aux exercices corporels (yoga, tai chi, tir à l'arc, arts martiaux, calligraphie) une place prépondérante. Le maître de tir à l'arc Satoshi Sagino n'hésite pas à dire : « *Satori, l'expérience de l'éveil, l'expérience qui est vécue lorsque l'ego s'efface, est une expérience physique.* »

Il n'est pas interdit de changer notre point de vue habituel !

Ainsi, nous pouvons distinguer le corps que l'homme *a* et le corps que l'homme *est.*

Le corps que l'homme a, le corps-objet, est encore visible et reconnaissable pendant les heures et les jours qui suivent le décès d'un être humain. La dépouille a toujours 206 os, 4 membres, un diaphragme. Mais cette femme, cet homme, ne respire plus et ne marche plus !

Qu'est-ce qui distingue ce corps post-mortem du corps de l'homme vivant ?

Le corps de l'homme vivant n'est pas quelque chose ; le corps de l'homme vivant est *action.*

Chacun peut voir ce qu'on appelle le corps comme l'ensemble des *gestes* par lesquels la personne se réalise sous les conditions de l'espace et du temps. D'autant plus facilement, aujourd'hui, que des films magnifiques dévoilent le mystère de la morphogenèse : cet ensemble d'*actions* qui, à partir du disque embryonnaire, va donner *forme* à l'embryon, donner *forme* au fœtus et donner *forme* au nouveau-né.

Le corps est forme. L'être humain est forme (comme une rose, un arbre est forme). Nous ne pouvons pas disjoindre la forme et les actions, visibles et invisibles, qui sont sous-jacentes au devenir de cette forme.

Le corps, notre *être de nature*, est l'être en acte.

Nous ne pouvons pas dire qu'une vague a un certain rapport avec l'océan ; la vague est l'océan dans la forme particulière qu'est cette vague. De même, nous ne pouvons pas dire que le corps a un certain rapport avec l'être ; *le corps est l'être.*

L'être n'est pas quelque chose ; l'être est *action.*

L'esprit n'est pas quelque chose ; l'esprit est *action.* Corps et l'esprit semblent exclusifs (d'autant plus lorsqu'on observe le cadavre). Mais au cours d'une action, corps et esprit sont inclusifs.

C'est pourquoi un exercice qui engage le *corps que l'homme est* peut participer à la maturation spirituelle de la personne.

La respiration.

Pourquoi l'attention à la respiration est-elle prépondérante dans la pratique méditative, dans l'art du tir à l'arc, la calligraphie et autres disciplines artistiques ou artisanales qui sont la matière première du zen ?

Parce que l'acte de respirer, cette action élémentaire, représente, en dehors de toute signification biologique ou physiologique, un mouvement de l'homme entier.

L'acte *d'inspirer* est le moment du *devenir*. L'acte *d'expirer* est le moment du dé-devenir de ce qui était devenu.

À chaque respiration se révèle ainsi le destin de l'homme.

Lorsque, et c'est là l'exercice, je coïncide avec la respiration naturelle, j'accepte le *fonctionnement des choses*, j'accepte mon destin.

Les idéogrammes Tao et Do signifient : le fonctionnement des choses.

Lorsque l'homme vit sa vie au niveau d'être qu'est l'ego, il accepte rarement son destin. La définition que Graf Dürckheim donne de l'ego illustre bien ce refus du fonctionnement des choses. Qu'est-ce que l'ego ? « *C'est cette volonté d'affirmer : moi je suis moi et je veux rester moi.* »

Le refus de l'impermanence se révèle principalement dans la manière de respirer de la personne. Inconsciemment, elle refuse l'expiration naturelle qui dissout la forme devenue. Conséquence ? Cette femme, cet homme, se durcit et se fixe dans la forme née avec l'inspiration. C'est la personne qui, crispée dans les épaules, fait preuve d'une respiration courte circonscrite dans une *cage* thoracique bloquée. Par sa manière d'être en tant que corps, elle exprime un mal être intérieur dont les symptômes sont le souci, l'inquiétude, le stress, l'angoisse.

La libération de la respiration naturelle peut être considérée comme étant un exercice de guérison de l'angoisse et des états qui l'accompagnent.

L'inspiration naturelle, lorsque la personne l'accueille sans condition, est un geste d'ouverture qui concerne l'homme entier. L'expiration naturelle, lorsque la personne l'accueille sans condition, est un geste de détente qui engage l'homme entier.

Le milieu médical et paramédical a inventé des exercices respiratoires qui ont pour but une meilleure oxygénation et l'amélioration fonctionnelle de l'appareil respiratoire.

Sur le chemin spirituel qu'est le zen, le but de l'attention portée à la respiration est autre. Par sa façon de respirer, la personne témoigne dans quelle mesure elle est encore proche de sa vraie nature ou éloignée de sa nature essentielle.

La libération de la respiration naturelle, infaisable, permet et favorise l'expérience de l'être.

L'exercice du Hara

La maladie première de l'homme actuel : le *sur*-stress ! Le stress fait des champions olympiques, des entrepreneurs efficaces, des chirurgiens performants, des acteurs à succès ; le *sur*-stress peut conduire ceux-ci à la dépression ou à l'infarctus du myocarde.

Dans la même mesure qu'il y a un bon et un mauvais cholestérol, il y a un bon et un mauvais stress. Le « Hara », mot japonais, désigne une manière d'être de l'homme d'action qui le protège de cette escalade néfaste.

Mais Hara n'est ni une pilule qu'on ingurgite chaque soir ni un truc. C'est un travail sur soi.

Ce que le Japon appelle « Hara » est la capacité de l'homme à se situer dans « son *juste milieu* ». Une expression qui nous rend attentifs au fait que le centre de l'être humain ne se situe ni dans la poitrine ni dans la tête mais au niveau du bassin. Voici un texte japonais qui souligne l'importance de ce que Graf Dürckheim appelle le « centre vital de l'homme » : « *La centration dans le Hara est conforme à la Nature. Ne rassemble ta force qu'en un seul endroit : le bas-ventre. [...] Lorsque la force provenant du Hara disparaît, alors apparaissent les dérèglements tels qu'agitation, envie, colère, avidité et méfiance.* »

Ceci sous-entend que se centrer dans le Hara est la condition de l'accès à la *paix intérieure*.

Il y a ici pour l'homme occidental, qui sépare ou oppose le corps et l'esprit, une énigme. Lorsque j'ai commencé la pratique de l'Aïkido, j'étais moi-même intellectuellement contrarié par le principe de la non-dualité corps-esprit qui était, disait le maître, le fondement de cet art martial.

À l'occasion d'une conversation au cours de laquelle je défendais le principe de la dualité, il sourit et me dit : « *Corps et esprit… c'est comme glace et eau !* »

Je laisse à chacun le soin de prendre son indication au sérieux ou de la trouver absolument naïve. Je la prends au sérieux : « Glace *est* eau, et, en même temps, eau *n'est pas* glace. »

Pour preuve, je ne mets jamais d'eau dans un whisky ; toujours de la glace ! Autre preuve, plus dramatique, le Titanic n'a pas coulé à cause de la présence de l'eau mais de la glace !

Hara n'est pas une réalité propre à la tradition japonaise. Hara est le centre vital de cet *être de nature* qu'est chaque enfant nouveau-né. Si le jeune enfant n'était pas naturellement centré en son juste milieu, il lui serait impossible de s'asseoir et de rester assis, puis de se mettre debout et, un petit peu plus tard, de marcher. Hara, c'est aussi la détermination dont il témoigne à chaque fois qu'il tombe et se relève.

Au plan anatomique, le milieu juste est la partie inférieure du tronc. Son périmètre est délimité par les os du bassin (le *koshi*), la sangle abdominale située entre l'ombilic et le pubis (*tanden*) et, en arrière, le sacrum et les dernières vertèbres lombaires.

Cependant, Hara n'est pas quelque chose : un assemblage anatomique. Hara désigne l'ensemble des gestes, des actions et des attitudes qui ont pour assise, pour fondement, ce point d'appui. Un point d'appui que dans la tradition de l'équitation le cavalier appelle : *l'assiette*.

Dans la tradition japonaise la maîtrise d'un art obéit à la nécessité, pour l'artiste ou l'artisan, de se situer en son juste milieu. J'ai pu constater, dans la pratique de l'Aïkido, du tir à l'arc et de la cérémonie du thé, l'importance de la centration dans le Hara pour progresser dans la technique, ainsi que l'importance de la technique pour progresser dans l'ouverture au Hara.

Mais le progrès technique n'est pas le plus important. Hara est cette manière d'être serein, calme, qui peut être *l'assise* de toutes nos actions.

Si Hara est le centre vital de notre *être de nature*, quand et pourquoi avons-nous perdu la centration dans ce puits de force, de calme, de tranquillité, de confiance ?

Lorsque l'être humain (différent de l'animal) vit sa seconde naissance : la naissance du « moi », il va y chercher ses points d'appui. C'est alors que, pour son malheur, centré sur son moi soucieux de sécurité, son moi avide de considération et inquiet de l'impermanence, l'être humain situe son centre là où il pointe l'index pour se désigner : au milieu de la poitrine ou, pire encore, au niveau de la tête.

Une roue décentrée ne tourne pas rond ! L'homme décentré ne tourne plus rond !

Se libérer de la domination du moi et reprendre contact avec notre être de nature est le but de *l'exercice* du Hara.

Le zazen est parfois présenté comme étant la culture du Hara ! *Za* signifie : être assis. Pratiquer zazen, c'est apprendre à s'asseoir en son juste milieu.

Seulement, lorsque je suis dans le Hara, il m'est possible de me libérer des tensions dans le haut du corps. La moindre tension dans les épaules est l'expression du manque de confiance de la personne entière. Hara est une manière d'être libérée de l'inquiétude latente dans laquelle vivent bon nombre de nos contemporains.

Hara ne se découvre pas en décortiquant nos pensées en tous sens afin de comprendre de quoi il s'agit.

Si la science assure son avancée en se soumettant à la compréhension objective, alors la connaissance du Hara invite à une marche arrière ! Parce que Hara, c'est se saisir soi-même dans ce qu'on est à l'origine, dans l'élémentaire, le fondamental : notre être de nature.

Notre être de nature est avant la pensée, avant les concepts, avant le raisonnement ; il s'explore *subjectivement* dans une pratique existentielle concrète : l'exercice et le vécu qu'éveille cet exercice.

Le but de tous les exercices proposés dans le monde du zen est de préparer les conditions permettant de laisser être la nature profonde qui nous habite ; notre nature essentielle. Ce niveau d'être qui est la source du silence intérieur, du calme intérieur.

Lorsqu'il arrive à se centrer en son juste milieu, l'homme d'action témoigne, aussi bien dans un combat que dans un acte de création, d'une tranquillité imperturbable. Ni la crainte d'un éventuel échec ni la volonté impérieuse de réussir ne peuvent entraver son action. Cette femme, cet homme, mérite alors le plus beau des compliments : « *Il, elle, est dans le… Hara !* »

La simplicité de l'expérience et l'exercice de la simplicité

Voici un extrait d'un article signé par un psychanalyste : « *Pour être pleinement soi-même, il faut pouvoir différencier le Ça, le Moi et le Surmoi. Et il faut pouvoir différencier l'objectal et l'existentiel.* »

Je ne dis pas que c'est faux, mais je me permets de dire que c'est compliqué !

Si j'avais donné ce conseil à mon grand-père, ouvrier dans une fonderie, cet homme calme, tranquille, qui transpirait la simple joie d'être, son visage aurait sans aucun doute exprimé surprise et désappointement. Je peux même imaginer qu'il aurait pensé : « *Qu'est-ce qu'il a Jacques pour se compliquer à ce point l'existence ?* »

Aujourd'hui, je dirai que pour être pleinement soi-même il suffit de *se défaire* de ce qui empêche d'être pleinement soi-même ! Parce qu'être pleinement n'est pas de mon ressort ; *l'acte d'être* n'est pas du ressort du moi.

Cependant, le chemin qui ouvre sur la *plénitude de l'être* exige un travail infatigable sur soi ! D'où l'expression : *la Voie de l'action.*

L'action dont il est ici question est engagée à partir d'un niveau d'être qui n'est pas le moi volontariste et ambitieux.

Depuis le jour du Nouvel An se trouve sur mon bureau une phrase extraite du *Nuage de l'inconnaissance* (un texte daté du XVIe siècle, d'un auteur anglais anonyme) :

« *Laisse Cela faire de toi ce que Cela veut et te conduire où Cela le veut. Que Cela soit actif en toi, et sois toi-même passif : ne fais rien d'autre que l'observer et le laisser tranquille. Ne t'en mêle pas, croyant pouvoir l'aider. Car alors tu gâteras tout.* »

Cela ! Le mot que, dans la tradition du zen, le maître de tir à l'arc prononce lorsqu'il dit à son disciple : « *Ne tirez pas. Laissez Cela tirer !* »

Depuis le début de cette année, dans la pratique méditative quotidienne, je m'applique plus que jamais à porter mon attention sur cette action qui n'en a pas besoin : *l'acte de respirer.*

Pendant la demi-heure d'exercice, autant qu'il m'est possible, je me défais de tout ce qui pourrait entraver cette action qui n'est pas de mon ressort afin de laisser « Cela » respirer !

Ce faisant, ou, plus précisément, *en ne faisant rien,* il m'arrive de me sentir *être pleinement moi-même.*

Il est possible de s'ouvrir à la plénitude de l'être sans avoir à différencier intellectuellement quoi que ce soit de quoi que ce soit d'autre.

Ce qui rend parfois difficile l'accès du zen à la mentalité occidentale, c'est le fait que cet enseignement n'utilise pas les moyens de la pensée analytique, discursive. Est-ce admissible ?

Oui, parce que ce qui définit la démarche analytique, intellectuelle, c'est le discours *à propos* d'un objet. Par l'analyse, je donne une description extérieure de l'objet. Le résultat, très intéressant, est un *savoir* sur l'objet, une *conception* extraite de l'objet lui-même.

Le danger est alors de prendre le concept pour l'objet lui-même.

Par la méthode de l'analyse, *être pleinement soi-même* peut devenir un objet de discussion qui se situe à une distance infinie de l'expérience. L'analyse propose un éclairage de l'objet qui, en le morcelant, nous coupe de l'*essence* de l'objet. Ce qui conduit un maître zen à dire que « l'intellect tue la vie » !

Le zen invite à la connaissance immédiate de l'*être pleinement soi-même* ! Graf Dürckheim a beaucoup insisté sur la différence entre ces deux approches du réel : le concept et... le goût.

L'expérience d'être pleinement soi-même ne se révèle pas à travers un concept ; elle se révèle dans le goût d'être pleinement soi-même.

Afin de ne pas prendre le concept pour la réalité, le maître zen pose des questions qui peuvent libérer l'intellect de ses automatismes. La question : « Qu'entends-tu ? », à laquelle les participants aux sesshin sont un jour confrontés peut mettre l'intellect en déroute. En effet, lorsque vous affirmez, après un moment de réflexion : « *J'entends un son !* », le maître zen, à la vitesse de l'éclair, crie : « *Non. Personne n'a jamais entendu : un son ! Qu'entends-tu ?* »

Si le maître zen méprise votre réponse, il ne vous méprise pas ; au contraire, il témoigne d'une grande compassion. Par son cri, il vous invite à passer de la réflexion intellectuelle, qui vous coupe de l'être, à l'expérience de l'être dans son immédiateté.

Être pleinement soi-même n'est pas de notre ressort, du ressort du moi. Comment passer de ce niveau d'être, l'ego, à cet autre niveau d'être, notre nature essentielle ?

Ne pas réfléchir. Agir ! Maîtrisez la technique, l'exercice que vous renouvelez chaque jour.

« *La technique parfaite dans la pratique d'un exercice qui permet l'attitude juste est en soi une manifestation du Tao* », écrit Kenran Umeji Roshi.

Connaître le fonctionnement de son propre esprit

Une part de notre souffrance, celle que nous créons nous-même sans toujours en être conscient, a pour cause le fonctionnement de notre propre esprit.

Comment entendre le concept : *esprit* ?

C'est la puissance de penser à… !

Il est incontestable que je pense ; pire, que je n'arrête pas de penser.

Je pense au beau, au juste, au vrai. Je pense à ma belle-sœur. Je pense aux dernières vacances. Je pense l'univers. Je pense à la prochaine conférence que je dois faire.

Je pense… « Whaaa ! Que cette jeune femme est belle !

Je pense que cette vie n'a aucun sens.

Je pense en m'éveillant, en mangeant, sous la douche, en conduisant la voiture, en regardant un film, en me promenant.

À croire que pour être, je dois penser ! Cependant, je n'ai pas commencé ma vie sur terre en pensant. Le nouveau-né, cet être de nature, n'a pas à sa disposition les concepts et la capacité de raisonner.

Nombreux sont ceux qui font l'erreur de… penser que méditer c'est ne plus penser.

Méditer, ce n'est pas s'efforcer de ne pas penser.

La méditation est un exercice qui commence par l'observation neutre de ce qui est.

Qu'est-ce que j'observe ?

Le plus souvent, j'observe d'entrée une activité mentale autonome incessante ! Pratiquant depuis quelques jours seulement, un participant à une session me dit : « *Je crois que la méditation n'est pas bonne pour moi. Dès que je suis assis, je me mets à penser à tout et à n'importe quoi.* »

La pratique méditative n'est pas la cause de ce bavardage intérieur intarissable. Ce qui se passe, c'est que le fait d'être assis, sans faire autre chose que rien faire, me met face à moi-même et m'oblige à voir le fonctionnement de mon propre esprit.

En étiquetant les pensées qui s'imposent, j'observe que cette activité autonome de mon propre esprit constitue un écran qui me sépare du réel. La vérité de l'acte d'exister est que je vis ici et maintenant. Ici, c'est par exemple le dojo du Centre. Maintenant, c'est par exemple ce moment au cours duquel je suis en train d'inspirer.

Cependant, j'observe que je préfère rêver ma vie au lieu de la vivre !

Comment comprendre que je préfère penser ma vie plutôt que de vivre, en pleine conscience, le moment présent ?

Je constate que je préfère me promener, en pensée, dans le passé qui n'est plus. Je constate que je préfère me projeter, en pensée, dans le futur qui n'est pas encore.

En plus de ces projections dans le temps, j'arrive à me projeter dans un espace que je n'occupe pas réellement. En pensée, je peux me promener sur la Lune, comme Tintin et Milou ou, plus sérieusement, comme le cosmonaute américain Neil Armstrong !

Ces projections dans l'espace et le temps ne sont pas toujours satisfaisantes. Elles peuvent mettre en mouvement des réactions affectives aussi différentes que le regret, la colère, l'inquiétude, la tristesse, la peur et même l'angoisse.

N'est-il pas stupide d'être *réellement* soucieux (d'avoir le front plissé, les épaules en l'air, les mains agitées, la respiration haute) pour une pensée qui n'a d'autre réalité que d'être une pensée, une image mentale sans substance ?

La pensée souveraine et les réactions mentales, affectives et physiques qui l'accompagnent sont à ce point habituelles que nous sommes tentés de considérer ces processus de notre esprit comme étant naturels.

Une étape importante, lorsqu'on pratique la méditation, est de différencier le fait que si je suis celui qui pense *je ne suis pas la pensée* qui s'impose ou que je fabrique.

S'identifier au contenu d'une pensée est une maladie de l'esprit.

Une condition pour vivre l'âme en paix, *en ce moment et pour ce moment*, est de ne pas m'identifier à ce que je pense en ce moment.

En ce moment… pour ce moment ! Et rien de plus ?

Voilà une question qui témoigne d'une autre maladie de notre esprit humain : le besoin de *maintenir* ce qui ne peut être maintenu ; le besoin de permanence. Je ne vous souhaite pas de maintenir votre prochaine inspiration ! Le résultat serait la mort à court terme.

Bien entendu, lorsque se présente une sensation, une expérience, que nous ressentons comme étant agréable, il nous apparaît comme normal de désirer son maintien.

Méditer, c'est apprendre à se soumettre à la loi de l'impermanence, du changement de tout ce qui est, de tout ce qui devient. Être, c'est devenir ; devenir, c'est être.

Sans acceptation de l'impermanence, je ne connaîtrai jamais la sérénité.

La culture de la paix intérieure est un chemin de guérison accessible à tous. En pratiquant régulièrement la méditation, il est possible de guérir des fonctionnements de notre esprit qui sont cause de beaucoup de souffrance.

Mais n'attendez pas qu'il y ait une tempête pour apprendre à nager.

C'est ce que j'apprécie particulièrement sur cette Voie spirituelle : on nous invite à commencer « petit » !

Dix à cent fois chaque jour, vivant au niveau d'être qu'est l'ego, je fais l'expérience intérieure qu'est *l'insatisfaction.*

Quelques exemples : Je suis au restaurant et personne ne vient prendre la commande alors que « Moi » je suis là ! L'autobus que « Moi » j'attends n'arrive pas ! « Moi », j'entre au bureau de poste et cinq personnes attendent déjà leur tour ! « Moi », je pars en vacances et voilà un bouchon sur l'autoroute A7 ! Je me lève, j'ouvre les rideaux et « Merde, il pleut », alors que je me réjouissais de faire une sortie à vélo !

L'exercice ? Faire marche arrière. Accepter ce qui est pour la seule raison que ce qui est… est en ce moment. Se défaire immédiatement du refus de ce qui est ou du désir d'autre chose que ce qui est. Se défaire de cette réaction mentale et des réactions physiques et émotionnelles qui l'accompagnent.

Faire marche arrière… « Quelle belle pluie ! Ce sont les arbres qui vont être heureux ! » Ensuite, je peux toujours me vêtir d'un imperméable et prendre un parapluie lorsque je vais sortir.

Faire marche arrière, c'est se laisser glisser à un autre niveau d'être que le moi ordinaire.

Le zen : exercice spirituel ou exercice philosophique ?

Il m'arrive de préférer l'expression *exercice philosophique*, plutôt que de dire *exercice spirituel*. L'esprit occidental est conditionné à l'idée qu'un exercice spirituel appartient au domaine de l'Église ; par exemple, les exercices de saint Ignace. Pourtant, la vie spirituelle n'est pas limitée à celles et ceux qui adhèrent à la tradition chrétienne. La vie de l'esprit n'appartient pas à une confession particulière. La vie de l'esprit concerne la personne individuelle. L'*exercice philosophique* que proposaient les écoles de sagesse hellénistiques retenait l'attention des personnes en quête de sérénité. Ce qui n'est interdit ni aux croyants ni aux athées.

Il est vrai que dans la philosophie occidentale contemporaine manque *l'exercice philosophique* ; ce que regrette le philosophe Pierre Hadot [1].

Karlfried Graf Dürckheim, docteur en Philosophie, dès son retour du Japon où il a passé une dizaine d'années propose à l'homme occidental un *chemin d'expérience et d'exercice*.

Non pas pour comprendre, mais pour vivre de l'intérieur ce qu'est la tradition zen, il a pratiqué le zazen, et il s'est exercé à la pratique du tir à l'arc traditionnel, le Kyudo, art auquel s'était pareillement appliqué son compatriote, lui aussi philosophe, Eugen Herrigel [2].

Dans son premier ouvrage sur son expérience japonaise, Graf Dürckheim écrit : « *Le zen est un enseigne-*

1. Pierre Hadot, *Exercices spirituels et Philosophie antique*, *op.cit.*
2. Eugen Herrigel, *Le Zen dans l'art chevaleresque du tir à l'arc*, *op.cit*

ment qui n'utilise pas les moyens d'une pensée analytique, discursive, ni ne prend la forme d'une croyance dogmatique ou d'une métaphysique spéculative, mais se présente comme un chemin d'expérience et d'exercice [3]. »

Depuis plus d'un demi-siècle l'intérêt de l'homme occidental pour le zen ne cesse de croître.

Cependant, les personnes attirées par la pratique méditative sans objet se demandent, avec raison, si pour combler le vide de l'exercice dans la philosophie et la spiritualité occidentale il est justifié de pratiquer des exercices bouddhistes ou taoïstes ?

C'est une fausse question. Parce qu'il n'y a pas d'exercices bouddhistes, il n'y a pas d'exercices taoïstes. Par contre, les adeptes de ces grandes traditions spirituelles donnent à *la pratique* de l'*exercice* qui engage le *corps* une importance que la tradition philosophique et spirituelle occidentale ne lui donne pas, ou ne lui donne plus.

Pour comprendre que le sens des exercices proposés dans le zen se situent au-delà, ou plutôt en deçà de l'opposition Orient-Occident, il suffit de s'arrêter un moment à l'expression : *l'exercice sur la Voie.*

La Voie est une traduction du mot TAO qui indique *le fonctionnement des choses*, ce qui est dans l'ordre des choses, des lois de la Nature, de l'être.

La Voie spirituelle n'est-elle pas une mise en résonance, en accord, de l'être humain avec l'Esprit, l'absolu, l'être, la Nature (la Nature à Dieu, écrit Spinoza) ?

3. Karlfried Graf Dürckheim, *Le Japon et la culture du silence*, Courrier du Livre, 1949.

L'exercice sur la Voie, dit le maître zen Kenran Umeji : « *Participe au lâcher-prise du moi. Ce moi resté prisonnier de son opposition aussi bien avec l'absolu qu'avec le relatif.* »

La pratique méditative sans objet, la *culture du silence*, la *culture de la tranquillité,* est un bienfait pour l'être humain. Peu importe s'il est bouddhiste, chrétien ou athée ! Je ne peux pas imaginer que bien respirer, être plus calme, plus confiant et témoigner d'une vie intérieure apaisée puisse contrarier les défenseurs du dogme ou de la pensée rationnelle.

Nous avons quantité d'exercices en Occident ; par exemple dans les domaines sportif, thérapeutique et artistique.

Mais pour que la pratique d'un exercice puisse être considéré comme étant une Voie spirituelle, l'homme occidental doit l'aborder avec un regard neuf.

En Occident, nous pratiquons un exercice avec l'idée que nous obtiendrons un résultat après quelques jours ou quelques années de pratique. Cette espérance est parfaitement justifiée lorsqu'on s'est cassé une jambe et que l'on pratique des exercices de rééducation à la marche.

Sur la Voie de l'action, cette approche est fausse et cette espérance détourne la pratique de sa visée. Dès le premier jour, nous sommes invité à pratiquer en écartant cette idée que nous atteindrons un résultat plus tard… après. Si en ce moment j'inspire, ce n'est pas pour vivre… après, dans deux ans ! Je respire en ce moment, parce que je vis en ce moment et pour vivre en ce moment ! L'exercice sur la Voie nous apprend à vivre le *moment présent.* Qu'est-ce que l'éternité ? Saint Augustin répond : « *C'est la qualité de l'instant.* » Il n'est donc rien qui serait oriental et s'opposerait à la tradition occidentale dans cet apprentissage et cette expérience.

C'est au moment même où nous pratiquons un exercice que s'opère la transformation de notre manière d'être et que nous découvrons une autre qualité d'être.

Prenons l'exemple du zazen.

La formule de base est : « *Se détendre à l'expiration, et s'ouvrir à l'inspiration.* » Pourquoi ? Parce que dans cette pratique méditative sans objet, ce qui importe, c'est un accueil de ce qui est sans condition ; un accueil sans référence à un savoir, sans référence au passé ; un accueil sans conceptualisation de ce qui se présente ; un accueil sans analyse de ce qui se présente. Je ne serai accueillant que dans la mesure où je suis *détendu* et *ouvert.*

À l'expiration, se détendre ; à l'inspiration s'ouvrir ! L'invitation est très concrète, il s'agit de devenir un homme, une femme, plus détendu et plus ouvert ici et maintenant.

En exerçant *l'attitude d'accueil,* la personne qui pratique régulièrement reconnaît une *confiance* dans le simple fait d'être !

Cet autre regard sur l'exercice, c'est aussi réaliser que l'expérience de la paix de l'âme, de la sérénité, de la confiance, est une expérience *physique.* Un moment pendant lequel on se sent autre, dans une autre qualité du *corps qu'on est.*

L'exercice, qui investit le *corps sujet,* est le moment même du passage d'un état d'être à un autre. Nous ne pratiquons pas, chaque matin, avec l'idée que nous connaîtrons la paix de l'âme dans quelques années. L'ataraxie (une âme sans trouble), qu'Épictète qualifie comme étant le « *plus grand bien auquel l'homme puisse accéder dans sa vie »,* a son expression dans la forme même de l'exercice que nous pratiquons à l'instant.

La personne qui s'engage sur la *Voie de l'action* commence par les exercices les plus simples, ce qui peut parfois exaspérer l'homme occidental. L'exercice sur la Voie n'est jamais assez simple. Valery écrit : *« Il y a un art de marcher, un art de respirer ; il y a même un art de se taire. »* Au cours de la pratique d'un exercice simple, la personne qui pratique est comme devant un miroir. Un miroir réfléchit exactement ce qui est devant lui. Ce qui fait qu'un exercice devient une réponse à l'injonction : « Connais-toi toi-même ! » Ce qu'apporte l'exercice, sur la Voie au projet socratique, c'est : « Connais-toi toi-même *à l'instant.* »

La personne qui s'engage sur la Voie de l'action devra se défaire de l'idée de construire soi-même. La pratique du zen n'est pas un système de construction de soi mais une Voie de libération du vrai soi-même. Il s'agit de se défaire de ce qu'on a construit afin de libérer celui qu'on est déjà au plus profond de l'être.

Le plus difficile, pour l'homme occidental qui aborde la Voie, c'est l'absence de raisonnement dans ce travail sur soi. Lorsque vous pratiquez un exercice, *« glissez-vous dans le sentir »,* dit le maître zen. Souvent il ajoute, en souriant : *« Ne pas réfléchir… sentir ! C'est difficile, n'est-ce pas ? »*

Oui, au début de la pratique c'est difficile ; une bonne raison pour s'exercer.

Notre état de santé fondamental ? Le calme intérieur !

« Je veux bien le croire. D'autant plus que c'est ce que formulent les écoles de sagesse tant en Orient qu'en Occident. Mais le monde actuel, la société actuelle, la crise actuelle ne sont-ils pas des vecteurs d'agitation, d'impatience et d'inquiétude ? »

Oui, et c'est une bonne raison pour ne pas attendre demain pour apprendre à vivre dans cette autre manière d'être. Si j'attends que le monde soit différent pour connaître la paix intérieure, je risque d'attendre longtemps.

Le samouraï, figure légendaire de la société japonaise, atteste par sa manière d'être au cœur du combat qui l'oppose à plusieurs adversaires qu'il a atteint la sérénité. C'est précisément parce que nous sommes quotidiennement bousculés, stressés, qu'il est important d'entreprendre le travail sur soi qui permet de se familiariser avec une manière d'être plus calme.

Que faut-il faire pour se familiariser avec une manière d'être plus calme ?

« *Simplement laisser se présenter le calme qui est en soi* », répond Graf Dürckheim lorsque je lui pose cette question. Simplement laisse émerger le calme qui est en soi ! Si seulement cela pouvait être aussi simple, n'est-ce pas ?

C'est simple ! Ce qui l'est moins, c'est d'arriver à ce degré de simplicité. C'est pourquoi il faut se mettre en chemin et apprendre à laisser sortir ce qui déjà est en soi.

Ce qui est en soi se situe à un autre niveau d'être que le niveau de *l'ego*.

Le calme est une qualité d'être qui émane de notre *nature essentielle*.

Identifié à l'ego, je peux bien entendu observer un calme qui est le contraire de l'agitation. De même qu'à la surface de l'océan je peux observer qu'un jour l'eau est calme et qu'un autre jour elle est agitée.

Mais le « grand calme », qui ne se situe pas au niveau des contraires, seul celui qui plonge sous la surface des vagues peut en faire l'expérience. Comme le dit avec humour un maître zen : « Ce n'est pas en frappant sur les vagues avec une rame que je pourrai naviguer sur une eau calme. »

Les personnes intéressées par la pratique méditative ou la pratique des arts martiaux sont dans l'erreur lorsqu'elles pensent que ces exercices vont leur permettre de *construire* le calme, la confiance ou la sérénité.

L'exercice, dans la tradition du zen, engage la personne qui le pratique dans une bascule. Un glissement du niveau d'être habituel : l'ego, à un autre niveau d'être : notre nature essentielle.

Atteindre le calme ou la paix intérieure, n'est pas du ressort du moi.

Le calme, la paix intérieure, est un effet naturel de notre être de nature.

Qu'est-ce qu'un effet naturel de notre être de nature ?

Un exemple souverain d'une action qui n'est pas du ressort du moi est *l'acte de respirer*.

L'homme a inventé bon nombre d'exercices respiratoires. L'utilité de ces exercices est discutable selon leur destination (dans des domaines aussi différents que la kinésithérapie, une technique sportive ou l'art du chant).

Mais *l'acte de respirer*, qui participe à l'acte d'être, n'est pas inventé par l'homme. Tout ce que je vais faire ne peut qu'entraver cette action infaisable.

La pratique méditative sans objet est un exercice au cours duquel nous sommes invités à *libérer* la respiration de l'être. Le zen, et c'est ce qui a fasciné Graf Dürckheim lorsqu'il vivait au Japon, est « *l'art de laisser se faire une action à travers laquelle se manifeste et se réalise l'être en acte, notre propre essence* ».

L'exercice de l'attention à la respiration, qui va et vient d'elle-même, prépare les conditions qui permettent et favorisent cette plongée au plus profond de soi-même. Il n'est pas rare que la personne qui commence la pratique méditative se sente saisie par cette qualité d'être : le grand calme.

La pratique méditative sans objet est l'art d'accueillir la paix intérieure « *toujours présente dans son absence* », disait Graf Dürckheim.

Lorsque je me sens agité, inquiet et parfois même angoissé, je ne souffre pas d'un manque ; je souffre d'ignorer ce qui ne manque pas !

Comment perdre l'ignorance ? Le travail nécessaire est le lâcher-prise du moi.

Le lâcher-prise du moi ? Une invitation qui fait peur ; d'autant plus que je m'identifie à l'ego.

Lâcher-prise n'est pas synonyme d'anéantissement. La mort viendra assez vite, il n'est nul besoin de la désirer. Cependant, pour vivre au mieux les heures qui me restent à vivre, je suis obligé de me libérer de l'idée d'un moi qui se peux autonome ; contraint de me libérer des attachements du moi, de l'idée de permanence, de la volonté propre, de l'ambition.

« *Si l'homme occidental, perçoit l'impasse à laquelle sa pensée l'a conduit, il reconnaîtra qu'il est vain d'essayer d'en sortir par les moyens mêmes qui l'on créée. Si, par ailleurs, il renonce à la fuite, il sera obligé de prêter l'oreille à la voix de son être essentiel, insaisissable à la pensée objective* [1]. »

En Occident, nous sommes conditionnés à l'idée que la vie spirituelle a pour but de se préparer à une autre vie. Sur ce chemin d'expérience et d'exercice qu'est la Voie de l'action, j'ai perçu que le dessein de ce qu'on appelle la vie spirituelle est de ne pas oublier qu'en ce moment « *j'existe* » !

Chacun peut se donner la chance d'exister, d'instant en instant, sans être rongé par les soucis, l'inquiétude et la méfiance.

À chacun de vérifier par lui-même si l'accès à cette autre manière d'être est possible.

Comment ? En pratiquant !

1. Mes leçons avec Graf Dürckheim.

Table des matières

Du même auteur

Le Centre de l'être, Karlfried Graf Dürckheim
Propos recueillis par Jacques Castermane
Éditions Albin Michel, « Spiritualités vivantes », 1992

La Sagesse exercée (préface d'André Comte-Sponville)
Éditions La Table Ronde, 2005

Centre Dürckheim
26270 Mirmande
www.centre-durckheim.com
contact@centre-durckheim.com

Ouvrages parus aux éditions du Relié

Collection Le Relié Poche

Aitken Robert, *Agir zen, une morale vivante*
Amar Yvan, *La Pensée comme voie d'éveil*
Amar Yvan, *Les Nourritures silencieuses*
Ansa Luis, *Le Quatrième Royaume*
Balsekar Ramesh S., *Les Orients de l'être*
Balsekar Ramesh S., *L'Appel de l'être*
Baret Éric, *Le Yoga tantrique du Cachemire*
Beltzung Alain, *Le Traité du regard*
Bouchart d'Orval Jean, *Patañjali et les yogas sûtras*
Bouchart d'Orval Jean, *Héraclite*
Buisset Ariane, *Le Maître de la laque*
Cohen Andrew, *L'Éveil est un secret*
Cohen Andrew, *Embrasser le ciel et la terre*
Collectif auteurs, *L'Art de méditer et d'agir*
Ram Dass, *Vieillir en pleine conscience*
Edelmann Éric, *Plus on est de sages, plus on rit*
Edelmann Éric, *Mangalam,*
un parcours auprès d'Arnaud Desjardins
Farcet Gilles, *Manuel de l'anti-sagesse*
Guesné Jeanne, *Le Septième Sens, le corps spirituel*
Guiliani Bruno, *L'Amour de la sagesse*
Jourdan Michel, *La Maison sur la montagne*
Jodorowsky Alejandro, *Un Évangile pour guérir*
Kelen Jacqueline, *Les Sept Visages de Marie-Madeleine*
Kelen Jacqueline, *Les Femmes de la Bible*
Klein Jean, *Transmettre la lumière*
Klein Jean, *Qui suis-je ?*
Lama Denis Teundroup, *Le Dharma et la Vie*
Long Barry, *Seule meurt la peur*
Lozowick Lee, *L'Alchimie de l'amour et de la sexualité*
Lozowick Lee, *Pour une éducation consciente*
Lozowick Lee, *L'Alchimie du réel*
Mario Mercier, *L'enseignement de l'arbre maître*
Moacanin Radmilla, C. G. *Jung et la sagesse tibétaine*

Richard Moss, *Paroles des deux mondes*
Muller Jean-Marie, *Dictionnaire de la non-violence*
Odier Daniel, *Le Grand Sommeil des éveillés*
Odier Daniel, *L'Incendie du cœur*
Osho, *La Voie de l'Amour*
Osho, *L'Évangile de Thomas*
Osho, *Un art de vivre et de mourir*
Panikkar Raimon, *L'inévitable dialogue :*
Dieu,Yahweh,Allah, Bouddha
Poonja H.W.L *Réveillez-vous et rugissez !*
Rabhi Pierre, *Conscience et environnement*
Saint-Bonnet Georges, *La Joie vous appartient*
Satyam Nadeen, *De la prison à l'éveil*
Souzenelle Annick de, *Pour une mutation intérieure*
Swami Chandra, *Instructions spontanées*
Taisen Deshimaru, *l'Anneau de la voie zen*

Collection Les guides pour chats : livres illustrés

Gaudin Claire et Christian,
Massages pour chats et pour leurs maîtres
Yoga pour chats
Gaudin Claire et Christian,
Le Kamasutra des chats
Gaudin Claire et Christian,
Le guide du bien-être pour chats (et pour leurs maîtres)
Gaudin Christian, *Histoires de chats zen*
Gaudin Christian, Rochas Sabine et de Smedt Marc,
Exercices d'éveil pour petits chatons
Gaudin Christian et Jean-louis Brodu, *Tai Chi pour chats*

Collection La conscience et le monde

Chytelman Paul, *Le Courage d'espérer*
Masson Sékiné Nourit,
Le Courage de vivre pour mourir
Salomé Jacques, *Le Courage d'être soi*
Muller Jean-Marie, *Le Courage de la non-violence*

Collections Témoins spirituels et Prétextes

Amar Yvan, *Les Béatitudes*
Balsekar Ramesh S., *Laisser la vie être*
Goldsmith Joël S., *La Voie infinie*
Jourdain Stephen, *Une promptitude céleste*
Long Barry, *Intuitions sur l'orgine*
Low Albert, *Aux sources du zen*
Low Albert, *Se connaître c'est s'oublier*
Low Albert, *Créer la conscience*
Raphael, *Le Feu de la réalisation, Tat Tvam Asi*
Swami Chandra, *Le Chant du silence*
Wolff Franklin Merrel, *Expérience et Philosophie*
Wolff Franklin Merrel, *Une expérience spirituelle : Philosophie de la conscience*

Essais pratiques et arts de vivre

Allais Danielle et Claude, *Retrouver la force de l'amour*
Amar Yvan, *La Conscience corporelle* (livre + CD)
Amar Yvan, *L'Obligation de conscience*
Amar Yvan, *L'Alchimie de l'homme*
Ansa Luis (roman), *La Nuit des chamans*
Bentounés Cheikh, *Vivre l'Islam*
Carrière Jean, *Gracq ou les reflets du rivage*
De Smedt Evelyn et Mollet Catherine, *Les Patriarches du zen, une anthologie*
Cognard André, *Vivre sans ennemi*
Collectif auteurs, *La Transmission spirituelle*
Collectif auteurs, *Être heureux et créer du bonheur*
Desjardins Véronique, *Porte donnant sur la voie*
Ducros Michel, *En route pour Compostelle*
During Jean, *L'Âme des sons*
Farcet Gilles, *Allen Ginsberg, poète et bodhisattva beat*
Farcet Gilles, *La transmission selon Arnaud Desjardins*
Freeman Laurence, *Lettres sur la méditation*
Frère Benoît, *Comment peut-on être chrétien ?*
Inandiak Élisabeth D, *Les Chants de l'île à dormir debout*
Jodorowsky Alejandro, *Le Dieu intérieur*
Jodorowsky Alejandro, *Le Chant du Tarot*
Leloup Jean-Yves, *Un art de l'attention*

Leloup Jean-Yves (conte)
La Vie de Jésus racontée par un arbre
Leloup Jean-Yves, *Qui est je suis ?* (livre + CD)
Levy Patrick, *Le Kabbaliste*
Lozowick Lee, *Éloge de la folle sagesse*
Markale Jean, *Amour et Sexualité chez les Celtes*
Mercier Mario, *Voyage au cœur de la force*
Mathiot Gilles, *Arts de l'encens*
Roger Marie-Sabine (roman), *Le Ciel est immense*
Rougier Stan, *L'Amour comme un défi*
Salomé Jacques, *Et si nous inventions notre vie ?*
Senzaki Nyogen, *La Flûte de fer*
Souzenelle Annick, *Nous sommes coupés en deux* (livre + CD)
Trungpa Chôgyam,
Enseignements secrets, l'incandescence du réel
Van Eersel Patrice, *Tisseurs de paix*

Collection Ose savoir

Benbassa Esther, Attias Jean-Christophe,
Le Juif et l'Autre
De Souzenelle Annick, *L'Arc et la Flèche*
Gorbatchev Mikhaïl : *Mon manifeste pour la terre*
L'Yvonnet François, Gaudin Thierry,
Discours de la méthode créatrice
Vergely Bertrand, *La Foi ou la Nostalgie de l'admirable*

Cet ouvrage a été imprimé en France par

CPI
France Quercy
à Mercuès (Lot)

N° d'impression : 91320
Dépôt légal : août 2009

IMPRIM'VERT
Votre imprimeur agit pour l'environnement